記憶を拓く

기《キ》억《オク》

信州半島世界

信濃毎日新聞社

はじめに

長野市松代町の松代大本営地下壕跡は、「戦争の本質」を私たちに語りかける存在です。太平洋戦争末期、天皇御座所を含む国家の中枢機能を信州に移そうとした極秘工事は、敗戦と同時に終了しました。その間、植民地支配していた朝鮮半島から多くの労働者が動員されました。本土決戦に備える工事の時間を稼ぐため、米軍攻撃にさらされた多くの住民が犠牲になった沖縄戦もありました。

「国体護持」が何よりも優先され、一人一人のかけがえのない命が軽んじられ、暮らしが壊される。信濃毎日新聞社の記者たちは、地下壕を巡る取材を通し、戦争とは何か、何をもたらすのか、何を教訓としなければならないのかを自問自答します。踏んだ側は忘れても、踏まれた側がその痛みを忘れることはありません。被害と加害の歴史を直視し、隣人として日韓関係をどう結び、未来につなげていけばいいのか。誠実な姿勢が欠かせないことも実感します。

目の前に広がる現実はどうでしょうか。被害と加害、歴史観のぶつかり合いは、交わり、折り合う兆しが見えません。元従軍慰安婦や元徴用工が不条理を訴えた裁判を巡る経緯は、相互理解とはほど遠い日韓両国の現実を突きつけました。「反日」「嫌韓」といった分断を象徴するような攻撃的な言葉が日常的に使われ、インターネットの世界では憎悪感情が増幅されています。

戦後最悪と言われる日韓関係を前に、松代大本営地下壕を地元に持つ信毎は、何を伝えるべきなのか。決定的に欠けている「宿題」があると自覚していました。戦後、故郷の半島に帰った当事者やその家族がどこに暮らしているのかさえ判然とせず、きちんと話を聞くことができていなかったのです。

「宿題」に向き合うきっかけは、若手記者たちの2本のスクープが作ってくれました。18年6月に地下壕工事などに動員された朝鮮人労働者の名簿が、19年1月には松代に住んでいた朝鮮人の戸籍情報の手帳が、それぞれ取材で明らかになりました。名簿や手帳に刻まれた一人一人の名前からは、実際に松代で暮らし、働いた人々の姿が浮かび上がってきます。今も存命なのか、話ができるのか、どんな記憶を残し、どんな思いで戦後を生きてきたのか……。

戦後75年。残された時間は多くありません。ここで地元紙の責務を果たさないでいつ果たすのか。名簿と手帳を頼りに半島に渡り、手探りの取材が始まりました。

軌を一にして新型コロナウイルスの感染が世界に拡大。合間を縫うかのような3度にわたる現地取材は、困難を極めました。文字通り足を棒にして歩き回ったものの、行き着いた先には既に家もない、本人や家族は亡くなっている——の繰り返し。空振りを重ねながらも何とか家族15人の生存を確認し、8人から証言を得ました。

一人一人が語る体温のある言葉、しわが刻まれた顔や目に宿る表情、こぼれ落ちる涙。見えてきたのは、いつの間にか染みついてしまっている「歴史観」や「国益」といったフィルター越しの視点では決して気づけない、それぞれに異なる個々人の具体的な記憶、喜怒哀楽でした。

埋もれている一人一人の記憶を丁寧にひもとき、対話のチャンネルを見いだすことにこそ、膠着状態に陥った国同士の関わりとは異なる相互理解、連帯のヒントが見えてくるのではないか。それは日韓関係にとどまらず、分断と排除の空気に覆われた世界にも共通するはずだ——。遠大なテーマかもしれません。けれども、人々が生きる地域から具体的な課題を提起できるのが地方紙です。連載企画「記憶を拓く 信州 半島 世界」は、そんな思いで展開したキャンペーン報道です。

植民地支配下にあった1936年ベルリン五輪マラソンで優勝した朝鮮人ランナー孫《ソン》基禎《ギジョン》さんの生涯や子孫との関わり、K－POPブームに沸く若者を通した日韓の交流と歴史の関係、ネットで広がる在日コリアンらへのヘイト（憎悪）の実態……。連載キャンペーンは、個々人の複雑で多様な記憶や思いを粘り強い取材で解きほぐし、私たちが抱えている先入観や固定概念を問い直しました。

ネットで炎上する可能性もある連載だったと思います。多くの真摯な反響を頂き、信毎が信州の心ある読者に支えられていることを再認識しました。望外の喜びもありました。キャンペーン報道は20年度平和・協同ジャーナリスト基金賞の大賞を受賞。「日韓関係の現況を報道機関としてほっておけないという編集局挙げての気迫を感じさせ、まさに勇気ある報道だ」などと評価されました。

信毎の戦後報道を継ぐ記者たちの「伝えなければ」という意志、地道な取材から紡ぎ出された連載をまとめました。自らの足元から国内、半島、アジア、世界へと向ける目をやわらかく、そして広げる機会になるのであれば、これほどうれしいことはありません。

２０２１年５月

信濃毎日新聞社取締役編集局長　小市　昭夫

目次

本書は、信濃毎日新聞本紙朝刊に２０２０年1月～6月の間に、計61回掲載した連載企画「記憶を拓く　信州　半島　世界」と特集の一部をまとめたものです。人物の肩書や年齢などは原則として新聞掲載当時のままとしました。

プロローグ

日本語と韓国語が飛び交う教室。「そうそう。形になってきたね」。パズルを組み立てる指先が触れ、温かい気持ちが伝わってくる。

２０１９年12月26日、韓国ソウル市の私立祥明《サンミョン》中学校の教室。長野県宮田村宮田中学校２年の太田鈴乃《りの》さん（14）は、同じ年のチョウ・アラさん（14）、リ・ドンヨンさん（14）と机を囲んでいた。

村と韓国の交流は、ソウル市民と交流している愛知県田原市と村が友好都市になっている縁で15年から続く。19年1月に祥明中の生徒たちが宮田中を訪問。今回は宮田中生18人が２泊３日の日程で訪韓し、祥明中で交流した。生徒たちはこの訪問のために韓国の言葉や文化を学んできた。

アニメや食べ物の話を交え、朝鮮王朝時代の王宮「景福宮《キョンボックン》」の城門をかたどった立体パズルを組み立てる３人。「このパーツはここに」。穏やかに教えてくれる２人の姿に、太田さんもほおが緩んだ。

日韓対立を報じるテレビ番組を見て「また韓国か」とため息をつく周囲の大人。太田さんも韓国人に「自己主張が激しく、日本人に威圧的」とのイメージを持っていたと明かす。反日感情があるとも聞いていた。だが、２人の笑顔を見ているうちに、そんなことは気にならなくなった。

「ＢＴＳ（防弾少年団）」など世界で活躍するＫ－ＰＯＰアイドルなどを入り口に、日本の若者に韓国への親近感が広がる。国の対立抜きに近づく次世代の姿は、両国の緊張を和らげる可能性の一端を示しているように見える。

だが、両国の間にはまた別の風景も広がっている。

日韓の対立はいま、「国の責任」と「国益」で語られる。朝鮮半島が日本の植民地だった時代、劣悪な環境で働き、賃金を受け取れなかった元徴用工の訴えを前に、当時の日本の支配が「合法」か「違法」かが争われ、戦後の決着のつけ方を巡って論争が続く。この争いに負ければ「国益を損なう」という空気が、両国に充満している。

国の対立は国民感情へと流れ込む。内閣府が1978（昭和53）年から全国3千人に各国への親近感を尋ねている世論調査によると、19年暮れに発表された最新の結果では韓国に「親しみを感じない」が71・5％で過去最高となった。書店には「嫌韓本」が並ぶコーナーができて久しい。

毎年、多くの観光客や修学旅行生が訪れる長野市の松代大本営地下壕《ごう》。入り口のまだ新しい看板には、約7千人とされる朝鮮人労働者が工事に携わった経緯について「必ずしも全てが強制的ではなかったなど、さまざまな見解がある」と記されている。

14年、市が看板で朝鮮人動員について「強制的に」と記した部分にテープを貼って見えなくしていたことが分かった。「強制ではなかったのではないか」との声が寄せられたためだ。その後、市は看板をかけ替えて表記を改めた。

その地下壕を巡っては18年、約2600人分の新たな朝鮮人労働者らの名簿の存在が判明した。「強制」については国の責任が問われる問題だ。

ただ、同時に深く考えたいことがある。

物理的に強制連行されたり、工事現場で強制労働させられたりした人だけが不幸だったのだろうか。貧困から逃れるために出稼ぎに来た人、松代から朝鮮半島に戻った後、３００万人超の死者を出した朝鮮戦争で家族を奪われた人たちの境遇に、私たちは思いを寄せてきただろうか。

「みんなが泣いたり困っているのを見れば、誰だって『どうしたんですか』って言いたくなる。そういう人情みたいなものです」

19年12月、アフガニスタンで銃撃され73歳で亡くなった非政府組織（ＮＧＯ）「ペシャワール会」現地代表の中村哲さん。生前、同国やパキスタンで長年にわたり診療所や用水路の開設など国民の生活向上に取り組んだ理由を聞かれ、こう答えた。現場主義を貫いた中村さんの活動は、国の責任や利害を超えたところにあった。

過去の朝鮮半島では多くの命や人権が奪われた。私たちがこの歴史に向き合う時、「国」の枠組みをいったん置いて、一人一人の境遇に想像を巡らしてはどうだろうか。「日韓関係は詳しく知らないけれど、私は純粋でかわいい日本の友達に会えた」（祥明中のチョウさん）、「個人個人の良い面を見つめ合いたい」（宮田中の太田さん）。交流した日韓の若者たちの姿勢からも学べることがある。

記憶は韓国語で「기억」、「キオㇰ」と日本語と似た発音で読む。非難の応酬の中でこぼれ落ち、顧みられなかった多面的な個人の記憶には、両国の人々にとって相通じるものがある。それを新たに拓《ひら》き、互いを尊

重し合える足場をつくりたい。それは日韓だけにとどまらず、世界の人々と共感を深め、対話する未来を拓く土台となるはずだ。

第1部

金メダリスト孫《ソン》基《ギ》禎《ジョン》

第1部では、朝鮮半島が日本の植民地だった時代、日本代表選手として五輪マラソンを走ったある朝鮮人ランナーとその子孫の記憶に光を当てる。

ベルリン五輪マラソンで1位でゴールする孫基禎さん＝孫正寅さん提供

2人を結んだ祖父の軌跡

10年ぶりの再会に胸が高鳴っていた。

2019年11月7日、仙台市。芥川賞作家の柳美里《ユウミリ》さん（51）が主宰する劇団「青春五月党」の公演会場を、一人の女性が訪ねた。短く整えた髪に薄藍色のワンピース。雰囲気は柳さんとよく似ていると言われる。女性は18年夏から長野県茅野市の蓼科湖畔にあるロッジ「ヒュッター」で働く孫銀卿《ソンウンキョン》さん（42）。上演後、劇場外の受付に出てきた柳さんが歩み寄り「転職したんだって、どこに?」と声を掛けた。「設計事務所なんだけど、いまは長野で宿泊施設を運営してるんです」と孫さん。小学4年生になった長男や夫の近況も伝えた。家族の話で盛り上がる二人の間に、姉妹のような打ち解けた空気が流れた。

孫さんは横浜市で生まれ育った。18年春、16年勤めた大手都市開発会社「森ビル」（東京都港区）を辞め、都内の設計事務所に転職。「ヒュッター」の前身の温泉ホテル「水明閣」のリノベーション（再生利用）に携わり、家族が住む神奈川県逗子市と行き来しながら、同ロッジの接客から採用まで経営全般を担う。

柳さんは11年の東日本大震災後、福島県南相馬市の臨時災害放送局でパーソナリティーとしてラジオ番組を受け持ったのがきっかけで、15年に神奈川県から同市に移住。日々、小説や脚本の執筆に追われる。この10年は、互いに多忙な生活を送ってきた。

「今も走ってますか?」。孫さんが話題を変えた。柳さんは「芝居とかで忙しかったんだけど、ぼちぼち走り始めてる。またフルマラソンも走れるようになればいいなと思う」。孫さんは「私も一昨年、おじいちゃんの大会を息子と走りました」と返し、「10㎞だけだけど」と付け加えて笑った。

柳さんと孫さんを結び付けたのは、互いの祖父の共通点だった。一つはともに1912（大正元）年、日本の併合下にあった朝鮮半島で生まれたこと。もう一つは「日の丸」を背負った、優れた長距離ランナーだったことだ。

公演会場で柳美里さん（左）と10年ぶりに再会した孫銀卿さん。
笑顔で近況を伝え合った＝2019年11月７日、仙台市

孫さんと同じく横浜市で在日コリアンの家庭に育った柳さん。高校中退後、「青春五月党」を旗揚げし、劇作家、小説家として活躍。97年に芥川賞を受賞した「家族シネマ」をはじめ家族や命をテーマにした作品を発表してきた。

母方の祖父の故・梁任得《ヤンイムドク》さんは、40（昭和15）年に開かれるはずだった東京五輪で出場を有力視されていた。大会は日中戦争で日本が開催を辞退した。柳さんの名前「美里《ミリ》」は、梁さんが故郷の韓国・密陽《ミリャン》から取って名付けた。

柳さんは96年、梁さんをモデルに植民地支配の悲劇を日韓の近現代史と重ねて描いた長編小説「8月の果

て」の執筆のため、足跡を追おうと韓国に渡る。そこで「韓国の英雄」と称えられ、現在も名前を冠した大会が開かれるほど著名なマラソンランナーと会う。孫基禎《ギジョン》さん。それが、孫さんの祖父だ。

孫基禎さんは幻となった東京五輪の前回大会に当たる36年のベルリン五輪のマラソンに出場。アジア出身者で五輪史上初のマラソン金メダルを「日本」にもたらした。

だが、その栄光には日本の植民地支配が色濃く影を落とした。

柳さんは２０１７年に出版した随筆集「国家への道順」の一編で、20年に開催されるはずだった東京五輪に触れてこうつづっている。「オリンピックを心待ちにしている日本中の人々に孫基禎の存在、その人生の軌跡を知ってほしい」

孫に過去を語らぬ「英雄」

幼い2人の孫娘の隣で、顔をほころばせるおじいちゃん――。「いつも私にちょっかい出したがったんです」。19年12月、茅野市のロッジ「ヒュッター」で働く孫銀卿さんは、仕事の合間に2、3歳だった自分と3歳上の姉、70歳を前にした祖父の基禎さんが写った写真を見せてくれた。祖父との思い出が詰まった大切な1枚だ。

祖父の孫基禎さんに抱きかかえられた写真を見つめる銀卿さん。思い出すのは「いつも優しいおじいちゃん」だった基禎さんの姿だ

1936（昭和11）年のベルリン五輪マラソンで日本代表選手として金メダルを手にした時、基禎さんは23歳だった。大会後は一時日本で暮らしたが、2002年に90歳で亡くなるまで生涯のほとんどを韓国で暮らした。

韓国で生まれた長男正寅《ジョンイン》さん（76）は同国の大学を卒業。兵役を経て明治大（東京）に留学した。在日コリアンの朴《パク》百合子さん（76）と結婚し、横浜市に定住。銀卿さんら2女をもうけた。

銀卿さんは、今も夢に見る子どもの頃の光景がある。

百合子さんが営む焼き肉店の2階の小部屋。年に数回、ソウルから遊びに来た基禎さんは、銀卿さんと姉が普段使っていた子ども用の2段ベッドで身を丸くして寝息を立てていた。

「おじいちゃん、買い物行こう」「ああ、いいよ」。デパートに行くと洋服を上下1着ずつ買ってくれた。いつもふらっと訪れては1、2カ月滞在し、元気いっぱいの孫たちを見て穏やかな表情を浮かべていた。そして、「日本も飽きたよ」と言って帰って行った。

88年9月17日、ソウル五輪開会式が開かれたソウル市のスタジアム。7万人が埋めた観客席に、小学5年生の銀卿さんもいた。ゲートから聖火を手に入ってきた「韓国の英雄」の祖父は、力いっぱい手を振って大歓声に応え、次世代を担う韓国のトップランナーにトーチをつないだ。誇らしい気持ちになった。

帰国後、通っていた塾で1人の男子から声を掛けられた。喜びのあまり跳びはねるように走った基禎さんをテレビ中継で見たといい、「なんか、狂ったじいさんみたいの走ってたな」と言われた。その言葉は、今も胸に刺さっている。

祖国で初めて開かれた五輪の開会式で、いつもは表に出さない感情をはじけさせた基禎さん。「ベルリン五輪で優勝した瞬間、どんな気持ちだった?」「日本人として走ったことをどう思ってる?」。成長した銀卿さんは、祖父の口から直接聞きたくなった。だが、真面目な話をするといつもはぐらかす基禎さんは、遠回しに聞こうとしても「そんなことは、聞かなくていい」と取り合ってくれなかった。

慶応大に進学した銀卿さんは、必修の外国語に迷わず韓国語を選んだ。「おじいちゃんに一人前として認められたい」。少し話せる自信が持てた頃、基禎さんに韓国語で話し掛けたが「一体何語を話してるんだ」とちゃかされた。

96年、銀卿さんは正寅さんから、基禎さんがソウルで柳美里さんの訪問を受けたと明かされた。基禎さんと同年で、併合下の朝鮮で長距離ランナーとして活躍した祖父梁任得《ヤンイムドク》さん（当時故人）について日本語で尋ねた柳さん。基禎さんは話を遮り、真剣な表情で「あなたは韓国語を話せない。今からでも学びなさい」と語ったという。

銀卿さんは祖父の祖国への思い、そして、過去を語りたがらない理由が気になった。

後日、柳さんから横浜の家に、基禎さん宛ての著書が届いた。基禎さんから10冊ほど譲り受けて読ませてもらった銀卿さんは、柳さんに礼状を書いた。数回のやりとりを経て、柳さんからの返信にはこう記されていた。「今度ソウルでマラソン大会があるから一緒に行きませんか」「マラソンを走れば、祖父の気持ちが分かるかもしれない」。銀卿さんが追い掛けた、基禎さんの体験と記憶とは――。

球児の凱旋に重ねた未来

「（駅前に）食堂があり、そこに孫《ソン》ケイキという朝鮮の人が勤めていた。自転車で猛スピードで出前をするので、なかなかの見物《みもの》だった」

長野県諏訪市教育委員会に残る、ある口述記録。A４判４ページの文書の最後の方にある一段落に目が留まる。文章はこう続く。「その孫氏が、日本選手としてベルリンオリンピックで優勝したということで、こ

れには驚いた」

記録は1998年にまとめられた。諏訪市の上諏訪駅前で土産物店を営んだ古老が、明治以降の駅前一帯の移り変わりを語る内容だ。上諏訪で生まれ育ち、2018年度まで市博物館で学芸員をしていた市職員の中島透さん（45）が手元に置いていた。

中島さんは市教育委員会の文化財係に籍を置いていた30代の頃、歴代の担当者が残した資料の棚でこの記録を見つけた。「いつか役に立つかもしれない」と複写しておいた。誰が何の目的で作成した記録かは、もう分からない。

「孫ケイキ」とは——。地元の歴史に詳しい市内の時計店の店主秋山英明さん（88）は「それは孫《ソン》基禎《ギジョン》さんのことじゃないか。足が速く、駅前で評判の出前持ちだったと父親に聞いたことがある」と話す。古老の記憶にはなぜか「ケイキ」と残っていたらしい。当時を知る地元の人はほとんど亡くなり、わずかに残る記録も不確かになっている。

ガタン、ガタンガタン……。1928（昭和3）年8月、16歳の基禎さんは希望に胸を膨らませて列車に揺られていた。朝鮮半島南部の釜山《プサン》から連絡船で玄界灘を渡り、たどり着いたのが山口県下関市。列車に乗り換え、諏訪市を目指していた。

基禎さんは朝鮮半島北部の新義州《シンウィジュ》で生まれた。当時、朝鮮半島は日本の統治下にあり、父親は雑貨商を営んでいた。一家6人の暮らしは貧しかったが、長い距離を走るのが得意だった基禎さんは、長距離走では誰にも負けない自信があった。新義州代表として陸上大会に出て、大人たちを打ち負かすこともあった。

母親はわずかな生活費から足袋を買い、息子を応援した。小学校卒業後、印刷所で働き始めた基禎さんは一念発起し、日本で働きながら長距離走の選手を目指す道を選んだ。働き手を探していた日本の商人から要望を受けた小学校の恩師が「日本行きの冒険」を勧めたという。行き先は諏訪市の「布六《ぬのろく》呉服店」だった。

諏訪市で働いていた16歳の孫基禎さん（左）

自伝によると、諏訪市に向かったのは「9月」とあるが、実は「8月26日」だった。裏付ける記録がある。この日、全国中等学校優勝野球大会で初優勝した松本商業学校（長野県松本市・現松商学園高）が、東京経由で松本への帰途に就いていた。基禎さんは甲子園を制し、停車駅ごとに盛大な祝福を受けながら意気揚々と凱旋《がいせん》する球児たちに出会っていた。

同校野球部の歴史について著書のある同校元教諭の窪田文明さん（71）＝長野市＝は2005年、生前に基禎さんと親交のあった諏訪市のスポーツドクター立木正純さん（12年死去）からこの話を聞いた。「松商の甲子園優勝が将来の金メダリストを勇気づけたのか」。驚いた窪田さんは、新聞記事で記録が残っている球児たちの移動経路や時間を、当時の時刻表と照合した。すると、基禎さんがこの日、塩尻駅（長野県塩尻市）で午前9時25分から同29分の間に鉢合わせた可能性が高いことが分かった。

上諏訪行きの上り列車を待っていた基禎さん。向かいのホームで花束を受け取ったり、肩を抱き合ったりしていたのは、自分と同じ10代後半の若者たちだった。陸上選手として活躍する将来の自分と球児たちを重ね、「私にも大手を振って故郷に凱旋できる日が来るだろうか」（自伝）と胸を熱くした。

湖畔は遠のき　失意の帰郷

富士山のシルエットのかなたから日が差し始め、朝焼けのオレンジが群青色の空と湖面を染めていく。19年12月中旬。上諏訪の市街地を望む午前6時半の諏訪湖畔では、部活動の生徒たちが白い息を吐きながらランニングをしていた。

92年前の冬の諏訪湖でも、この朝焼けが16歳の基禎さんの目に映っていたのだろうか。朝鮮半島の故郷の新義州《シンウィジュ》を離れ、働きながら長距離選手になることを目指して諏訪市に渡った。仕事前の早朝や、仕事を終えた夕方に湖畔で走り込んだ。

基禎さんは1928（昭和3）年9月、諏訪市の「布六呉服店」で働き始めた。諏訪湖周辺には製糸会社が並び、住民や工場で働く人のための温泉保養施設「片倉館」（重要文化財）がこの年完成している。市郊外の霧ケ峰高原周辺で建材用の鉄平石を採掘するため、朝鮮半島から働きに来る人も多くいた。

孫基禎さんがいた1928年ごろの上諏訪駅前。商店が軒を連ね、歩道も整備されている（諏訪市博物館提供）

当時の地図によると、布六呉服店は上諏訪駅前のにぎやかな通りにあった。線路の反対側は花街。芸妓《げいこ》が着物を買い求めたのだろう。一帯には旅館や日用品店も目立つ。産業の先進地だった諏訪は、多くの人手を必要とした。

布六呉服店の近くで生まれ育ち、晩年の基禎さんと親交があったスポーツドクターの立木正純さん（故人）の手記によると、呉服店店主の小松六也さん（1987年死去）は、旧制諏訪中学（現諏訪清陵高校）を卒業。今も続く同校の伝統行事「諏訪湖周マラソン大会」を始めた体育教師の指導を受け、走ることに理解があった。

住み込みで働き始めた当初は、時間も十分にあり、練習との両立は順調だった。だが、3カ月もたたず呉服店の経営が傾いた。30代だった小松さんは店を閉じて東京に移住。経営を引き継いだ親戚が新たに食堂を始めた。
基禎さんを取り巻く状況は一変する。日が変わるまでうどんなどを配達し、早朝から器を集めて回った。真冬の水は冷たく、食器を洗う手は真っ赤にはれ上がった。

基禎さんは90年、立木さんらに招かれて61年ぶりに諏訪市を訪れ、旧交を温めた。中学1年生だった孫の銀卿さんも同行したことを「ぼんやりと覚えている」。基禎さんは歓迎会で、住み込んでいた食堂の隣にあった理髪店で働いていた一つ年上の友人五味一明さん（2000年死去）と再会。来場者にこんな思い出話を紹介した。

仕事に疲れ切っていた基禎さんは、五味さんに朝起こしてもらうよう頼んだ。「寝る前に足にひもを結び付けて2階の窓から外に垂らしておくと、彼が朝、引っ張って起こしてくれた」。日の出前に諏訪湖まで走り、スケートで汗を流した。

ある夜、酔った通行人がひもを力任せに引いた。飛び起きたが、店の人を起こさないよう声を殺して痛みに耐えた。「これで（起こしてもらうのは）やめてしまった」。冗談を交えた基禎さんの語りに、会場から笑いが漏れた。

だがこの時、基禎さんの悩みは深まっていた。思い描いていたランナーとして故郷に凱旋《がいせん》する自分と、うどんの出前に追われるだけの自分。そのギャップに憂鬱《ゆううつ》な気持ちになり、店を辞めることを申し出た。29年1月、失意のまま新義州に帰った。

呉服店をたたんで東京に移った小松六也さんは画商になり、渋谷に店を構えた。現在、店の経営を引き継いでいる次女の石榑《いしくれ》京子さん（87）は「孫基禎さんが布六呉服店で働いていた話を父から聞いたことはない」と話す。

ただ、4歳だった頃、基禎さんがマラソンに出場したベルリン五輪のニュース映画を見に行こうと、六也さんから熱心に誘われた記憶がある。スクリーンで金メダルを手にした基禎さんを見る六也さんは、誇らしげだったという。

胸の日の丸を隠した月桂樹

韓国ソウル市の小高い広場にある「孫基禎《ソンギジョン》記念館」。基禎さんの母校跡に建てられた同記念館の敷地の一角に、枝を広げたヨーロッパナラの大木が立っている。1936（昭和11）年8月9日、ドイツ・ベルリン五輪のマラソンを制した基禎さんに金メダルの栄光をたたえる「月桂樹」として手渡されたこの木はいま、高さ約20メートルに育った。

表彰台の最上段で、基禎さんはこの木で胸の「日の丸」をそっと隠した。

ベルリン五輪9日目。酷暑の空に号砲が響いた。陸上競技の最後を締めくくるマラソンには、27カ国から

表彰台で胸の日の丸を月桂樹で隠す孫基禎さん（中央）＝孫正寅さん提供

56選手が出場。基禎さんは、12年のストックホルム五輪マラソンに日本人で初出場した金栗四三《しそう》（1891〜1983年）以来、日本選手が愛用してきた「マラソン足袋」を履いてスタートした。

レースは異様なハイペースで進んだ。先頭を駆けるのは前回の32年ロサンゼルス五輪で金メダルを獲得したアルゼンチン代表ファン・ザバラ。動揺する基禎さんに、並走する英国人選手が自分のペースを守るよう助言してくれた。

30キロ付近。ザバラはハイペースと暑さがたたり、転倒して脱落した。基禎さんは陽炎と10万人の熱狂が沸き立つメインスタジアムまで独走した。

ゴールテープが汗まみれの胸に張り付く。2時間29分29秒2——。1896年に始まった近代オリンピックのマラソン史上、初めて2時間30分の壁が破られた瞬間だった。

ベルリン五輪開催7年前の1929年、奉公先の諏訪市から故郷の新義州《シンウィジュ》に戻った基禎さんは、穀物の販売会社で働きながら練習を続け、陸上の名門高校に入学。才能を開花させた。35年、ベルリン五輪の予選会となった東京の明治神宮大会で2時間26分42秒という、当時としては空前の世界新記録を打ち立てた。

第2次世界大戦開戦の3年前に開かれたベルリン五輪は、ナチスドイツが国の威勢を示し、民族の優秀性を誇る大会となった。日本が朝鮮半島を植民地にして4半世紀。朝鮮人として生まれ、日本選手として五輪での活躍が確実視されていた孫さんは、選考の過程で日本人から妨害を受けることになった。

「朝鮮人2人を入れて、チームワークが乱れた」。日本陸上競技連盟は前回の32年ロサンゼルス大会での敗因をこう主張し、ベルリン五輪の出場枠3人のうち2人を日本人とする方針を取った。

五輪代表の最終選抜レースでは基禎さんが2位、同じく朝鮮人の南昇龍《ナムスンニョン》さんが1位だった。陸連はさらに現地選考を行うとして基禎さんと南さんのほか、日本人選手2人をベルリンに送り込んだ。

ベルリン派遣を控えた合宿で基禎さんが韓国食を食べていると、日本人選手が「お前の口から出る悪臭をかいだだけで、むかむかする」と騒いだ。鉄道を乗り継ぎベルリンに着くと、迎えに来た日本大使館職員が「どうして朝鮮人が2人も入っているのだ」となじった。

現地選考でも基禎さんと南さんが勝利。南さんは五輪本番でも銅メダルを獲得した。

一方、開会式で朝鮮人選手の後ろを行進することに異を唱えた馬術選手の陸軍軍人に、大島鎌吉・日本選手団長が「ここはオリンピックの場である。陸軍軍人も朝鮮人もあるか」と一喝する場面もあった。基禎さんは自伝で、大島さんへの感謝も記している。

スタジアムに「君が代」が響き渡り、日章旗がポールに掲げられる。ゴールした瞬間の喜びの気持ちとは別の感情が、基禎さんに湧き上がっていた。月桂樹で胸の日の丸を隠したままうつむいた。

成長した月桂樹を見守る「孫基禎記念館」を運営する財団の事務総長で、基禎さんの長女の次男に当たる李埈承《イジュンスン》さん（52）は語る。「祖父は人生で最も輝かしい瞬間に、うなだれるしかなかった」

この国の息子が奪われた

「ユニホームの胸にあった日章旗が写真から消されているのが分かりますか」

２０１９年10月、韓国ソウル市中心部にある新聞博物館「ＰＲＥＳＳＥＵＭ（プレシウム）」。学芸スタッフが指さしたのは、20年に創刊１００年を迎えた韓国紙・東亜日報の古い記事だった。日付は１９３６（昭和11）年８月25日。16日前にベルリン五輪マラソンで優勝した孫基禎さんの偉業を伝えていた。日本の新聞に掲載された写真には、基禎さんの胸に日の丸がはっきりと写っていた。だが、東亜日報にはこの部分が消され、黒くにじんだようになった写真が転載された。

植民地下の朝鮮で起きた「日の丸抹消事件」。故意に日の丸を消した朝鮮人記者らが逮捕され、同紙は発行停止処分となった。学芸スタッフは「この時代を代表する言論弾圧事件だった」と述べた。

事件を題材に66（昭和41）年に出版された短編小説「消えた国旗」（斎藤尚子著）は、かつて日本の学校でも教材となった。だが、植民地時代の歴史的事件としては慰安婦問題などの陰に隠れ、今は韓国でも薄れつつある。

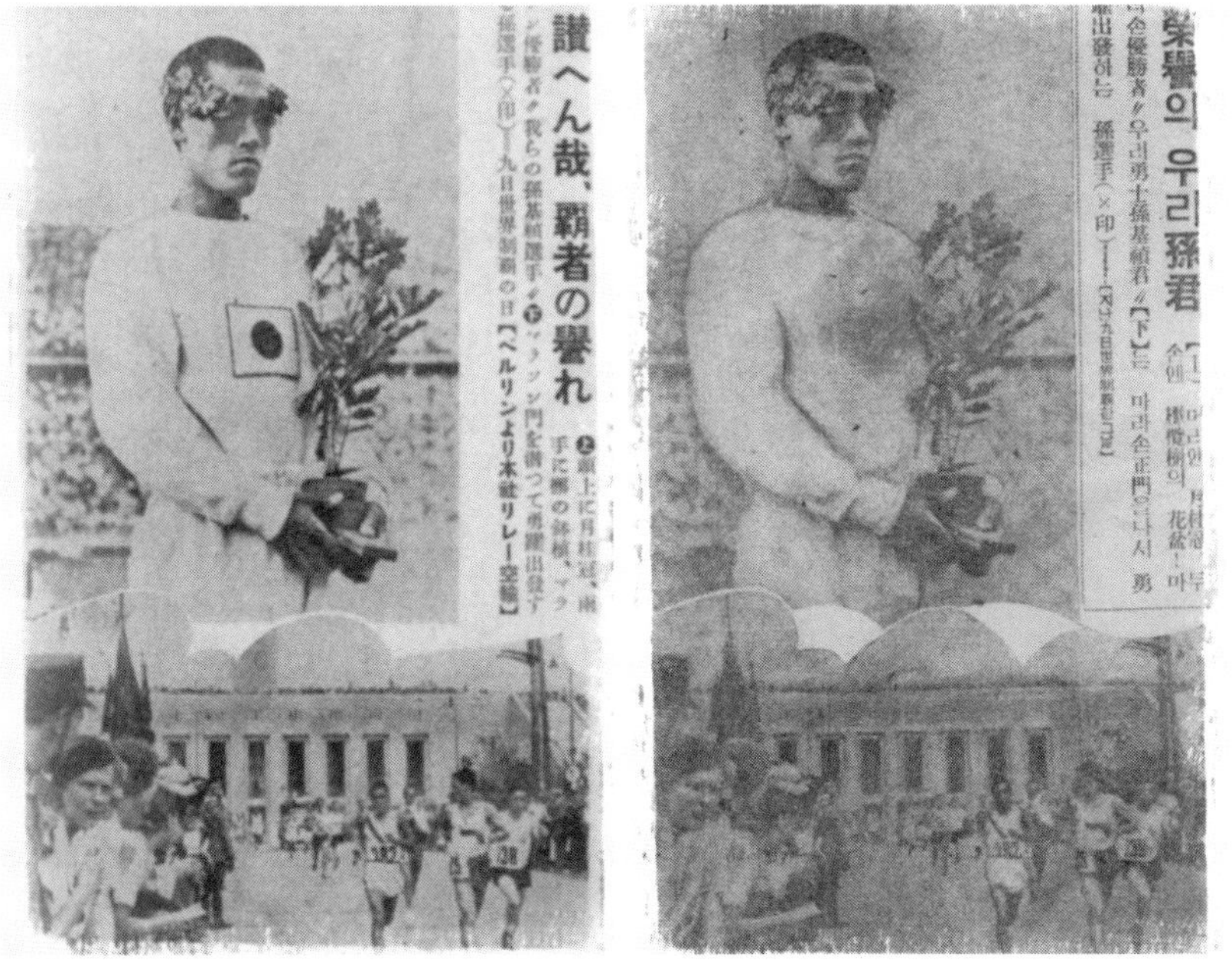

日本の新聞に掲載された写真（左）と東亜日報に掲載された写真。表彰台に立つ孫基禎さんの胸の日の丸がぼかしたように消されている

この日、学芸スタッフから説明を受けた地元の高校生12人は新聞クラブの部員。朴宰佑《パクジェウ》さん（17）は「日章旗を消した事件は聞いたことがある。でも詳しくは知らなかった」と話した。

日の丸抹消事件を主導したとして逮捕された東亜日報の李吉用《イギルヨン》記者（当時37歳）が詳細をつづった手記がある。他の記者たちの回顧録と共にまとめられ、１９４８（昭和23）年に出版された。長年存在を忘れ去られ、２０００年代に入って韓国の国会図書館で見つかった。

「社の前では深夜にもかかわらず、大群衆が歓喜一色となり、のどが裂けるほどの『孫基禎万歳！』を叫ぶ声は（１９１９年の）三・一独立運動の万歳をほうふつとさせた」。

李記者は基禎さんが優勝した瞬間の熱狂をこ

う記している。だが、「電送されてきた孫基禎選手の写真は日章旗のマークがひどく鮮明だった。私はこの国の息子である孫選手を日本人に奪われるように感じ、衝撃を受けた」。

建物の落成式などで掲げられた日章旗を写真から消すことは「日常茶飯事で無数にあった」という。李記者は専属の画家に修正を依頼し、日の丸を消した。

翌日、日本の警察は李記者ら10人を逮捕。社の幹部の指示で組織的に行われたと自白させようと拷問は連日続いた。約10カ月間、発行停止処分となった東亜日報について、李記者は「朝夕にあれほど力強く動いていた輪転機が元気なく止まってさびついた」と、当時の無念な気持ちをつづっている。


留置場に着替えを届けると、代わりに渡されたワイシャツや下着は血で真っ赤に染まっていた――。日の丸抹消事件が起きた当時について、吉用さんの三男李台永《イテヨン》さん（78）が母親から聞いた話だ。

吉用さんは10代で日本に渡り、同志社大（京都市）で学んだ後、朝鮮の鉄道局を経て東亜日報に入社。日本からの独立運動に関わり、「5回も刑務所に入った」と聞いた。

戦後、父の後を追うように韓国紙のスポーツ記者となった台永さん。中央日報の体育部長などを歴任し、現在は韓国のスポーツ競技団体を統括する大韓体育会の顧問を務めている。

新聞博物館を取材した翌日、ソウルに台永さんを訪ねた。長野県から来たと伝えると、こう聞かれた。

「長野の白馬に私の尊敬する人がいるのですが、ご存じですか」

共に進める相手が白馬に

「抗日の精神を持つ闘士です」。しんしんと雪が降り積もる長野県白馬村。韓国から訪れた「ソウルスキークラブ」の役員らを歓迎しようと村の有志が開いた懇親会で、韓国側の出席者が同クラブ会長の李台永さんをこう紹介した。テーブルを囲んだ10人ほどの表情が固まった。

その時、村側の顔役だった全日本スキー連盟（ＳＡＪ）元専務理事の丸山庄司さん（86）＝白馬村＝は「それは十分理解できる。当然のことだ」と穏やかにうなずいた。緊張は解け、和んだ空気が戻った。

２０１９年10月、ソウル市内で取材に応じた台永さんは、長野冬季五輪（１９９８年）の前後にあったこの出来事を懐かしそうに語った。

ベルリン五輪で金メダルを獲得した孫基禎さんの報道をめぐる「日の丸抹消事件」で逮捕された台永さんの父の李吉用記者は戦後、韓国で記者を続けた。だが、50年に勃発した朝鮮戦争で北朝鮮軍に拉致された。台永さんは10歳で父親と生き別れていた。

残された家族の生活は貧しく、ひもじかった。成長するにつれ、父に過酷な運命を強いた日本と北朝鮮を憎む気持ちは強まるばかりだった。

「大丈夫だろうか」。68（昭和43）年、丸山さんは韓国行きの飛行機の機内で不安を募らせていた。手元の新聞は北朝鮮ゲリラ100人が韓国に侵入したと伝えていた。心掛かりはそれだけではなかった。

この年、大韓民国スキー協会はSAJに初めて指導者派遣を要請。白羽の矢が立ったのがSAJアルペン委員だった丸山さんだった。

日韓国交正常化から3年。韓国への5億ドルの供与を定めた日韓請求権協定に基づく経済支援も始まっていた。ただ、丸山さんは当時、日本がかつて朝鮮を植民地にしたことに対して自分より上の世代ほど重く受け止めていると感じていた。SAJにも償いの気持ちから、スポーツの分野で「進んで協力しよう」という雰囲気が強かったという。

渡韓前、丸山さんは書物で日本が朝鮮に対して行った皇民化教育や創氏改名などの歴史を学び、話を聞きに村内の在日コリアンも訪ねた。韓国に行けばわだかまりに直面すると覚悟していた。

だが、平昌《ピョンチャン》に到着すると、待っていたのは韓国のナショナルチームの育成を目指して日本の指導者に大きな期待をかける人々だった。

朝鮮半島のスキーの適地は北部に多く、南北分断で韓国のスキー技術は低迷。設備や用具も足りなかった。丸山さんは平昌で地元コーチと寝食を共にし、白馬村で選手や指導者、子どもたちを受け入れると約束した。日本で開く国際大会に韓国の選手が出場できるよう取りはからった。

「韓日で合同スキーキャンプを開催したい」「韓国スキー発展のためなら一生懸命お手伝いしたい」。95年に台永さんと丸山さんが手紙などで交わした一節だ。30年に父吉用記者が仲間と創設したソウルスキークラブの会長に就いた台永さんは丸山さんと深く関わり、4半世紀にわたって韓国スキーの将来を共に考えてきた。

２０１８年2月、韓国史上初の冬季五輪が平昌で開かれた。観戦した丸山さんは、ソウルで台永さんと再会した。今も日本語を覚えることさえ「父を裏切った気持ちになる」と語る台永さんだが、「日本にも一緒に進んでいける相手がいる」との思いが、憎しみを和らげていったと語る。

21年に米寿を迎える丸山さんは平昌五輪を「最後の訪韓」にした。スキーヤー同士の親睦や地元小学生の相互訪問、白馬村民による平昌五輪誘致の応援——。スキーを通じた交流は平昌五輪後、めっきりと下火になった。

韓国の人々の境遇を思い力を尽くした信州人と、葛藤を抱えつつも固まった気持ちをほどいた韓国人の記憶。いま、それを知る人は少ない。

日の丸抹消事件により朝鮮の独立運動が高まることを恐れた日本の警察は、孫基禎さんへの圧力を強めていく。

道を奪われ利用された名声

スクリーンに1枚のモノクロ写真が映し出された。左脇には私服の刑事、右脇には腰にサーベルを携えた制服の警官。まるで犯罪者のように連れられる若者の目はおびえ、やり場のない憤りをたたえているように見える。

２０１９年10月9日、国際交流に取り組む非政府組織（ＮＧＯ）「ピースボート」が東京都内で開いた定例の学習会。ベルリン五輪マラソンの金メダリスト、孫基禎さんについて講義した明治大名誉教授の寺島善

ベルリン五輪で金メダルを獲得後、ソウル市の汝矣島飛行場に降り立った孫基禎さん（右から２人目）。両脇の警察官に連行されるようにして歩いた＝1936年10月８日、孫正寅さん提供

一さん（74）＝スポーツ政策、横浜市＝は、20人ほどの参加者を前に言った。「これが優勝して『凱旋《がいせん》』し、（ソウルの）汝矣島《ヨイド》飛行場に降り立った時の写真です」

１９３６（昭和11）年8月、ベルリン五輪マラソンの表彰台に立った基禎さんの胸の日章旗を消した写真を掲載したとして、東亜日報の記者らが処罰された「日の丸

抹消事件」。この事件をきっかけに、朝鮮の人々が民族独立を求める動きを強めるのを恐れた日本の警察は、基禎さんがそのシンボルとなることを恐れて、帰国途上から徹底的な監視下においた。

生前から基禎さんと親交があった寺島さんは２０１９年４月、基禎さんの評伝を出版した。東京五輪を控え「スポーツと平和」の観点から、基禎さんを語る機会は少しずつ増えている。

朝鮮に帰った基禎さんは37年、ソウル市の高麗大に入学。出席した新入生歓迎会に警察が踏み込んだ。「朝鮮独立のための秘密集会」。密告に基づきそう決め付けた警察は、歓迎会の解散を命じ、基禎さんを問い詰めた。「ソウルにいれば周囲の朝鮮人に迷惑がかかる」。そう考えて新たな進学先を探した基禎さんに、門戸を開いたのは明治大（東京）だった。

入学に当たり、日本政府は「再び陸上をやらない」「人の集まりに顔を出さない」「できる限り静かにしている」の３条件を出した。

マラソンを禁じられた基禎さんだったが、長男の正寅《ジョンイン》さん（76）＝横浜市＝は、生前の基禎さんから明治大在学中も、人目につかない日の出前に練習を続けていたと明かされた。「箱根駅伝を走りたかった」と聞いたこともある。

83年、当時38歳の若手研究者だった寺島さんは、明治大で開かれた「スポーツと平和を考える会」で基禎さんと出会った。発起人の一人はベルリン五輪で日本選手団長を務めた大島鎌吉さん（85年死去）。基禎さんは、同五輪開会式で朝鮮人選手が前を行進することに異を唱えた陸軍軍人を一喝した大島さんを慕い、韓国から駆け付けていた。

基禎さんの人生に興味を持った寺島さんは、基禎さんが戦後、日本から一度も表彰を受けたことがないことに気付いた。寺島さんの提案を受け、明治大は95年、卒業生として特別功労賞を授与した。

「直接感謝を伝えたい」。基禎さんからソウルに招かれた寺島さんは、韓国の宮廷料理店で卓を囲みながら基禎さんに「昔はつらいことがたくさんあったでしょう」と聞いた。すると、基禎さんは忘れられないある思い出をぽつりぽつりと話し始めた。

金メダルを獲得した基禎さんが朝鮮人の独立心に火を付けることを恐れた日本政府だったが、一方でその名声を利用していた。

41年に開戦した太平洋戦争中、朝鮮半島を統治していた日本の朝鮮総督府は、基禎さんを半島中の旧制中学校に派遣した。「皇国のために生命をささげることは、男子一生の栄光である」。戦地へ向かう朝鮮人の学徒募集のため、演説を強要された。

会食後も基禎さんは寺島さんを自宅に招き、語り続けた。「これが生涯で最もつらい思い出です」と振り返った。

思いに近づいた4時間半

冠雪した八ケ岳から吹き下ろす冷たい風が頬に心地いい。２０１９年12月20日、茅野市のロッジ「ヒュッター」で働く孫基禎さんの孫の銀卿さんは、蓼科湖近くの散策路を走っていた。

「仕事の合間の気分転換。いつもは1時間ぐらいかな」。フルマラソンは仕事と子育てに追われるようになった7、8年前から遠ざかったが、ジョギングしたり距離の短い大会に出場したりと、走ることは今も生活の近くにある。

03年3月16日、韓国ソウル市で開かれた「東亜ソウル国際マラソン」。この時、フルマラソン初出場だった銀卿さんはスタート地点の光化門《クァンファムン》広場で、自分を大会に誘った芥川賞作家の柳美里さん（51）と号砲を待っていた。

日本が開催を辞退した１９４０（昭和15）年の東京五輪に日本代表での出場を有力視されていた朝鮮人の長距離ランナー、故・梁任得《ヤンイムドク》さんを祖父に持つ柳さん。祖父をモデルに小説を執筆するためにマラソンを始め、02年から同国際マラソンに出場していた。

銀卿さんも、祖父の思いに少しでも近づきたい思いから出場を決めた。週末などを利用し、時には柳さんと共にトレーニングを重ねてきた。

走り始めて3時間すぎ、コース最大の難所とされる橋の手前で、並走していた柳さんは後方へ。意識は悲

祖父の孫基禎さんの背中を追ってマラソンを始めた銀卿さん。
今も職場がある蓼科湖近くでジョギングを続けている

鳴を上げる自分の体に向いた。「なんてつらくて心臓に悪いスポーツなんだろう」。長さ1キロに及ぶ橋は単調な景色が続き、沿道の応援も途切れた。

基禎さんが亡くなる8カ月前の02年3月、東亜ソウル国際マラソンに出ると報告したのが記憶に残る祖父との最後の会話だ。病床の基禎さんは「つらい思いをさせたくない」と強く反対した。諏訪での挫折や、日本代表選手として受けたさまざまな屈辱を語らぬまま逝った「優しいおじいちゃん」の顔がよぎった。

ゴールは基禎さんが15年前のソウル五輪で聖火を掲げて走ったあのスタジアムだった。記録は4時間32分。ぐったりした銀卿さんに、途中棄権した柳さんが駆け寄った。「大丈夫？」。うなずくのが精いっぱいだった。

マラソン完走後も、日本でしか暮らしたことのない銀卿さんには、祖国を失った祖父の悲しみを想像するのは難しかった。ただ、走りきるだけでも人体の限界に挑戦するマラソンで、「国」や「民族」まで背負うことの重圧はなんとなく理解できた。

銀卿さんは基禎さんの死後も「東京マラソン」や「かすみがうらマラソン」などに出場した。30代半ばまで5回、フルマラソンを走って感じたことがある。祖父は亡くなる前にマラソンを「つらい」と表現した。その裏には、孫の自分にはとても語ることができなかった過酷な体験と記憶があったのだろう。

そして同時に、時代や国を超えて自分の極限を求め続けるスポーツ選手たちへの共感も芽生えた。96年アトランタ五輪の女子マラソンで銅メダルを手にした有森裕子さんが「初めて自分で自分を褒めたい」と語ったように、五輪は選手個人が主人公であってほしい。開催国が開発と景気浮揚に躍起になり、メダルの個数が国の勢いを示すかのような雰囲気に違和感を抱くようになった。

大手都市開発会社「森ビル」（東京）に勤務していた銀卿さんは、２０２０年東京五輪組織委員会も入居していた超高層ビル「虎ノ門ヒルズ」（14年開業）の周辺開発に携わった。選手村とスタジアムを結ぶ道路周辺に高層ビル群を建設する巨大プロジェクト。そのブランド価値を高める業務を担った。

大事業を動かすやりがいはあったが、五輪開催に高揚する会社の雰囲気に「どうしても気持ちがついていかなかった」。18年、16年勤めた森ビルを辞めた。

夫の永井巧さん（48）が子どもたちに自然を体験してもらう仕事をしており、「自分も自然の中で働きたい」と思った。転職先の職場は偶然にも、基禎さんが青春時代を過ごした諏訪にほど近い場所だった。

「平和」胸に走り継げれば

韓国ソウル市の郊外にある国立中央博物館。約3万8千平方メートルの展示エリアを持つ世界有数規模の同館に、ひときわ異彩を放つ青銅かぶとが展示されている。

19世紀にギリシャ・オリンピアのゼウス神殿発掘時に発見されたかぶとは高さ23センチ。紀元前6世紀の制作と推定され、現在は韓国の宝物《ほうもつ》（日本の重要文化財に相当）に指定されている。

なぜ、古代ギリシャのかぶとが韓国にあるのか。

かぶとは1936（昭和11）年ベルリン五輪のマラソンで、ギリシャの新聞社が副賞として用意した。ドイツ国内で半世紀保管され、86年に孫基禎さんの手に渡った。国際オリンピック委員会（ＩＯＣ）が副賞を禁じていたためとされるが、詳しい理由は明らかになっていない。基禎さんは94年、かぶとを同館に寄贈した。

88年、ソウル五輪。最終日のマラソンを観戦しに来た基禎さんには、ある計画があった。同行した長男正寅《ジョンイン》さん（76）は「かぶとのレプリカ（複製品）をふろしきに包んでグラウンドに用意していた」と回想する。基禎さんは当時、善戦が見込まれた日本選手3人のうちメダルを獲得した選手に贈ろうと考えていた。

本番では長野県池田町出身の中山竹通さん（60）＝神戸市＝が日本人最高の4位に入った。計画は実現しなかったが、基禎さんはひそかに中山さんを応援していたという。中山さんは「五輪も含めてソウルでの大会では韓国の人たちから多くの応援をもらった。だけど、孫さんの計画は知らなかった」と驚く。

ソウル五輪の聖火ランナーを務めた基禎さんには当時、各国メディアの注目が集まっていた。日本への遺恨を引き出そうとする質問もあったが、基禎さんは「恨みの話はありません」と切り返した。

韓国の国立中央博物館に展示されている青銅かぶと。ベルリン五輪の副賞として半世紀後に孫基禎さんに贈られた＝ソウル市

希望を描いて16歳で渡った諏訪からの失意の帰郷。ベルリン五輪の選考で受けた理不尽な扱い。帰国後に待っていた監視と奪われたランナーの道。朝鮮の若者たちを戦地へと向かわせる演説の強要——。朝鮮半島を植民地にしていた日本が基禎さんに強いた境遇は過酷だった。だが、基禎さんが声高に日本への恨みを口にすることはなかった。

「本当は煮えくり返る思いがあったかもしれない。それでも、それを口にしないという意志があった」と、基禎さんと親交があった明治大名誉教授の寺島善一さんは振り返る。その理由を正寅さんは「スポーツで平和な世界をつくりたいと願っていたから」とみる。

戦後、基禎さんは日本の支配から解放された祖国のマラソン選手を育てるため、ソウル市の自宅を合宿所にした。手塩にかけた選手たちは50年のボストンマラソンで上位3位を独占した。喜びの凱旋《がいせん》帰国から5日後、朝鮮半島は戦火に包まれた。

祖国を二つに割った朝鮮戦争のさなか、翌年のボストンマラソンで日本人初優勝を果たした田中茂樹さんに、基禎さんは祝電を打った。「田中君の優勝はアジアの優勝だと思い心から祝福します」。差出人は日本語読みの「ソンキテイ」だった。

2018年春に大手都市開発会社「森ビル」を辞め、茅野市のロッジ「ヒュッター」で働き始めた基禎さんの孫の銀卿さん。20年、同市で2回目の正月を家族と迎えた。

夏に五輪開催が予定されていた東京を離れ、かつて諏訪で暮らした祖父の人生に思いを巡らす時間が増えた。過去のつらい体験と折り合いを付けた気持ち。そして、戦後は日本と歩み、平和を願った思い――。在日韓国人として生きてきた自分も、いつか次代に伝えることができるかもしれない。

「今年、ママと一緒に諏訪でマラソン走ってみない?」。20年1月の夜、長男の弧君《こあ》(10)に聞いてみた。弧君は親指を立てて「走るよ」と頼もしく応じた。祖父の人生を語り継ぐ代わりに、祖父の願いを胸にこれからも走り継げれば――と思っている。

識者に聞く…1

利用されたベルリン大会　民族の優位性を誇示

明治大名誉教授　寺島善一さん

初の近代五輪となった1896年のギリシャ・アテネ五輪に参加した選手たちは、国の代表ではなく、大学やクラブの代表として出場した有志たちだった。だが、実際にはこの頃からメダル数を国同士で競う雰囲気があった。

1908年のロンドン五輪では、米英間で勝敗をめぐるトラブルが起こり、互いの国民感情が悪化。英国の寺院で司教が「重要なことは勝つことではなく、参加すること」と説教し、これが五輪の精神として広まった。

だが、その後、五輪を国と民族の優位性を示すために利用する政治家が現れた。その極致がナチスドイツを率いるヒトラーだった。かぎ十字の旗が飾られた10万人規模のスタジアムや、初の聖火リレーが国民を魅了したベルリン五輪は、ナチスの威力を世界に示し、アーリア人の優位性を誇示する大会だった。

朝鮮半島を植民地化し、軍事力を背景に帝国主義路線を進んでいた日本も、ベルリン五輪を国威発揚につなげる狙いがあった。40年には東京五輪開催（後に日中戦争開戦により返上）を控え、日本民族の優位性を世界に示す好機と捉えていた。

日本は当時、朝鮮半島の人々を日本人と平等とする「内鮮一体」をうたっていたが、建前にすぎなかった。朝鮮人に対する差別意識は五輪代表の選手選考にも表れ、ベルリン五輪の選手団249人のうち、朝鮮人は孫基禎さんを含めてたった7人だった。

同五輪では花形種目のマラソンで孫基禎さんが優勝した。これは「日本」とともに「日本人」の優位性を示そうとした狙いとは裏腹のねじれた結果だったと言える。「日の丸抹消事件」もあり、日本は朝鮮半島の統治に影響が出かねないと危険視。これが金メダリストを監視し、将来を閉ざす悲劇を生んだ。

現代の五輪はベルリン五輪の反省の上に立つ。五輪憲章は「個人種目または団体種目での選手間の競争であり、国家間の競争ではない」と明記している。だが、国ごとに入場する開会式や表彰式での国旗掲揚、国歌の演奏など、国を意識させる演出は続いている。

日本の陸海軍旗として使用された経緯のある「旭日旗」の会場持ち込みを巡る問題など、東京五輪は日韓の対立が影を落としたまま本番を迎えようとしている。スポーツによる相互理解や友好を図るのがオリンピックの精神だ。平和な世界を一緒につくりあげるという五輪本来の姿に立ち返って考えたい。

第2部

動員者たちの名簿から

第2部は約2600人の名簿と戸籍調査史料に記された松代大本営地下壕（長野市）の朝鮮人元労働者たちを韓国に訪ね、本人や遺族がいまに残している記憶をひもとく。

松代大本営地下壕の天井に刺さったままの削岩機のロッド。壕内には人の手による工事の跡が生々しく残る＝2020年、長野市松代町

動員朝鮮人2600人の名簿

松代大本営建設など従事　住所や年齢記載

専門家「実態知る糸口に」

太平洋戦争中、松代大本営地下壕《ごう》（長野市）など県内各地で労働に従事した朝鮮人の名簿が存在することが21日、分かった。戦時動員などで同地下壕建設に携わった朝鮮人が大半を占める2600人余の名前や住所、年齢などが記載されている。同地下壕建設の関係でこれほどまとまった人数の朝鮮人名簿が見つかったのは初めて。専門家は、名簿を基に本人や遺族をたどるなど調査を進めることで、当時の労働実態を明らかにできる可能性があるとみている。

【関連記事35面に】

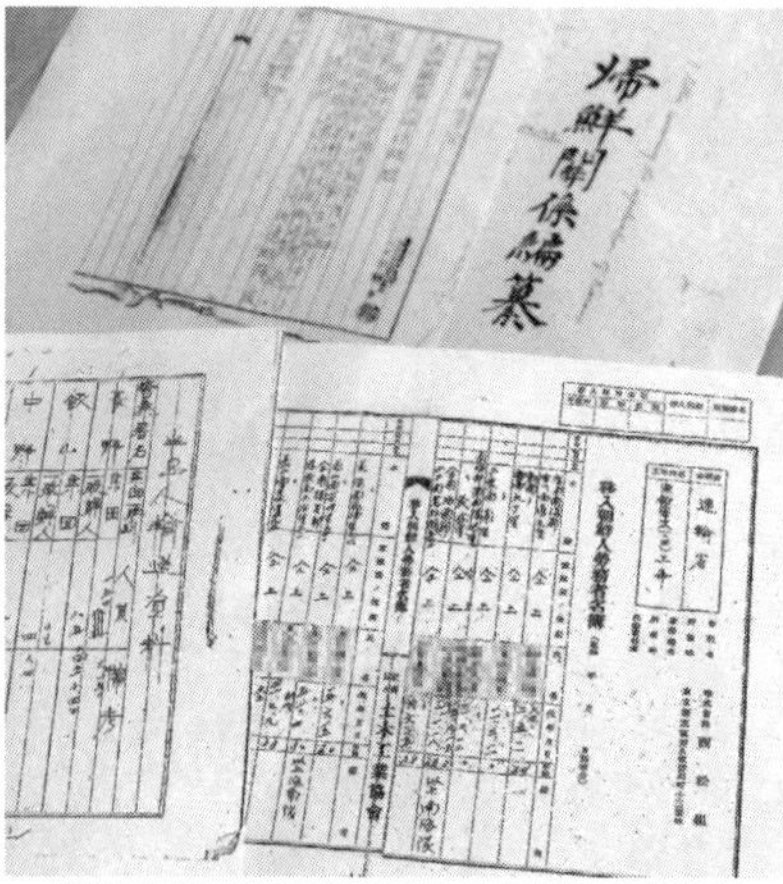

松代大本営地下壕の工事を担当した「西松組」の表記がある「移入朝鮮人労務者名簿」（手前右）と、「半島人輸送資料」（同左）の写し。創氏改名した朝鮮人の名前や住所、年齢などが記載されている（画像の一部を加工しています）

国学院大（東京）の上山和雄名誉教授(71)＝日本近現代史＝が1990年代初頭に米国議会図書館で発見し、写しを取って保管していた。

名簿の多くは「帰鮮関係編纂《さん》」と記された史料の中にあった。敗戦直後に朝鮮人が帰国する際、工事事業者や警察署が作ったとみられる。同地下壕の工事を示す「東部軍マ（一〇・四）工事」を担当した建設会社西松組の松代出張所長名で県知事宛てに提出され、朝鮮人の創氏改名後の名前と本籍地、渡日前の住所、年齢、生年月日を列記。性別、年齢から配偶者や子どもと推測される名前もある。

同時に見つかった「内鮮調査報告書類編冊」と記された史料には、県内の警察署ごとに朝鮮人の人数をまとめた「半島人輸送資料」と題した文書も含まれている。名前などは記されていないものの、帰国が見込まれる人がこの時点で計8千人以上いたことが記録されている。また、同地下壕や平岡ダム（下伊那郡天龍村）など少なくとも県内30カ所以上の工事現場別に帰国する人数をまとめた史料もあり、乗車する駅名や輸送責任者名なども示されている。

見つかった史料にはこのほか、県内で動員された中国人労働者が労働環境などについて記した手記や、第1次大戦後に日本の委任統治領になった南洋群島で動員された朝鮮人の史料なども含まれる。

「朝鮮人強制連行」（岩波新書）などの著書がある東京大の外村《とのむら》大《まさる》教授(52)＝日本近現代史＝は「朝鮮人を帰国させるための政策が地域レベルで広がっていた実態が分かり、全国的に貴重な史料だ」と指摘。この名簿を基に労働者本人やその家族、関係者らをたどることで、「動員時の未払い賃金などを新たに確認できる可能性がある。戦後補償の在り方を再考するきっかけになるかもしれない」としている。

松代大本営　太平洋戦争末期、本土決戦に備えて国家の中枢機能を移転するため、長野市松代地区などで計画された巨大な地下壕や通信施設。地下壕には政府の各省や天皇・皇后の御座所の建設が計画された。工事は建設会社の西松組や鹿島組などが請け負い、松代地区では1944（昭和19）年秋、総延長約13㌔に及ぶ地下壕工事が始まったが、敗戦で未完成のまま中止。工事に動員された主力は朝鮮人だったとされる。

2019.1.3　信濃毎日新聞社会面

大本営地下壕建設の長野・松代町清野

在住朝鮮人166人 戸籍情報の手帳

職業欄に「坑夫」、鉱山地域から転入も

経験者集められ工事従事か

太平洋戦争末期に松代大本営地下壕《ごう》の建設工事があった長野市松代地区で、当時の清野村（現長野市松代町清野）に住んでいた朝鮮人の戸籍情報を克明に記した手帳6冊が見つかった。計166人の名前と出身地、職業や以前の日本国内の住所を記載。地下壕工事への従事を示す直接的な記述はないが、職業や以前の住所の記述などから、日本各地の鉱山採掘などの経験者が集められ工事に携わった可能性が強まっている。

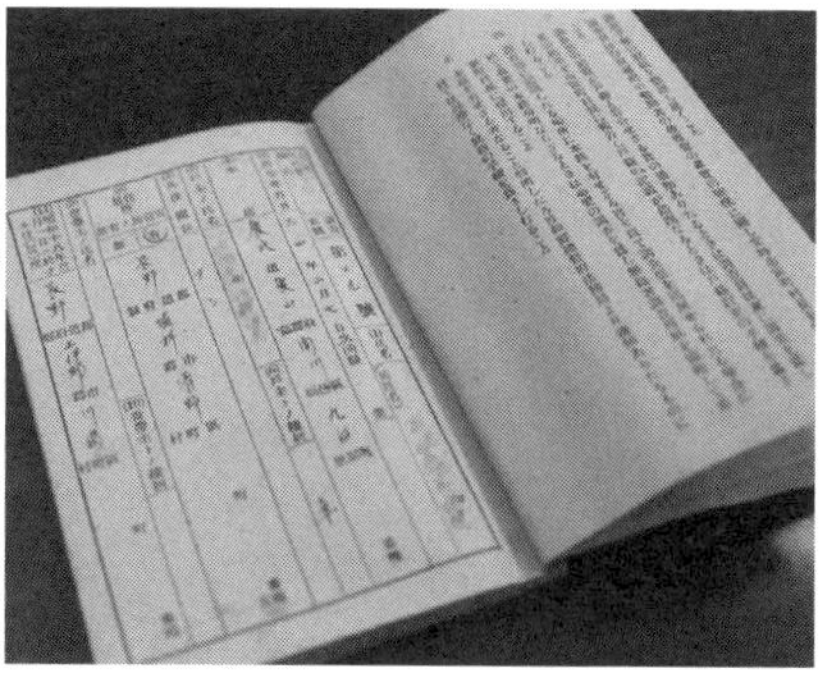

太平洋戦争末期の清野村の朝鮮人の戸籍を調べた手帳（画像の一部を加工しています）

県内では昨年6月、松代大本営地下壕を中心とする県内の労働現場に動員された朝鮮人とその家族約2600人の名簿の存在が明らかになったばかり。この名簿と今回の手帳に記載された人名は、一部が重なっていることも分かった。戦後74年になる中、相次ぎ見つかる史料。研究者は、朝鮮人労働者の実態を解き明かす上で重要と注目している。

松代大本営地下壕　太平洋戦争末期、本土決戦に備えた国家中枢の移転を目的に、現在の長野市松代地区の三つの山で旧陸軍が建設を進めた地下壕群。象山には政府や大本営など、舞鶴山には天皇皇后の御座所や大本営を移し、皆神山は食料貯蔵庫として使う計画だった。1944（昭和19）年秋に始まった工事は、建設会社の西松組や鹿島組などが請け負い、計画総延長約13㌔のうち約10㌔を掘ったが、45年8月の敗戦で中止。工事には日本人のほか、強制連行されたり自主渡航したりした朝鮮人約6千～7千人が従事したとみられ、犠牲者も数多く出たとされる。

見つかったのは、いずれも表紙に「内地在住朝鮮同胞戸籍及《およ》寄留調査手帳」と記された縦15㌢、横10㌢ほどの手帳。県内の教員や元教員らでつくる県歴史教育者協議会副会長の飯島春光さん(65)＝千曲市＝が昨年9月、長野市松代町清野の女性から託された。女性宅の土蔵に保管されていたという。

手帳には創氏改名後の名前と生年月日、職業、本籍、現在の住所、1943（昭和18）年3月1日現在の住所などの記入欄があり、それぞれに記入があった。手帳に印刷された趣旨によると、調査は45年2月、当時の日本の司法省が朝鮮人の徴兵に向けて実施。手帳を見つけた女性の祖父も調査員の一人として携わったという。

職業欄には「坑夫」「進鑿《しんさく》夫《ふ》」「斧指夫《よきさしふ》」などと記載された人がいた。坑夫は穴を掘る役割、進鑿夫は削岩機を扱う専門職、斧指夫は掘削面の崩壊を防ぐ作業を担った可能性があるという。一方、43年3月の住所欄には、鉱山のあった上伊那郡川島村（現辰野町）や秋田県鹿角郡大湯不老倉（現鹿角市）、同県北秋田郡前田村（現北秋田市）、地下壕工事があった東京都南多摩郡浅川町（現八王子市）などの地名が並んでいる。

戦争遺跡に詳しい山田朗《あきら》・明治大教授（日本近現代政治史・軍事史）は、こうした職業や以前の住所に着目。「別の地域で鉱山や地下壕工事に携わった人たちが、専門技術を買われ、大本営地下壕工事に従事していた可能性がある」とみている。

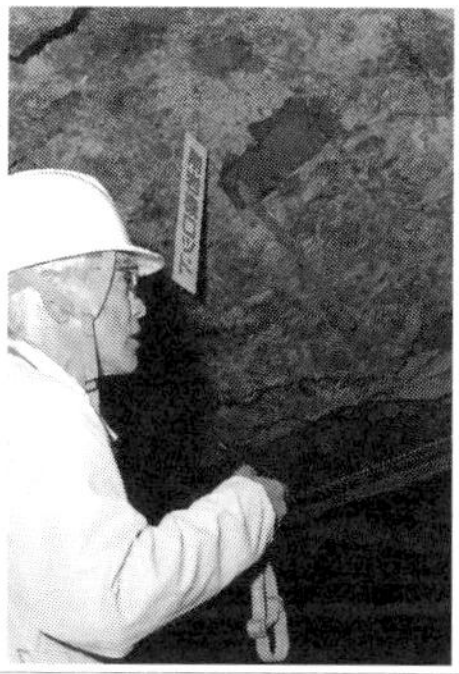

象山地下壕内の天井に突き刺さったままになっている、削岩機の「ロッド」と呼ばれる棒状の部品。手帳の職業欄には、削岩機を扱う「進鑿夫」の記述もあった

労働実態探る手掛かり

動員2600人の名簿と一部重複

太平洋戦争末期、清野村（現長野市松代町清野）に住んでいた朝鮮人の戸籍情報の一部が記載された手帳が見つかった。松代大本営地下壕工事に携わった朝鮮人が多いとみられ、職業や渡日後に以前住んでいた住所の記載は、集められた人々の背景を知る上で例のない史料。昨年6月に存在が明らかになった県内の労働現場に動員された朝鮮人と家族の名簿を照らし合わせることで、個人の足跡を追える可能性もある。

地下壕建設工事は、東京から大本営など国家中枢を移転する目的で1944（昭和19）年秋に着工し、45年8月の敗戦まで続いた。自主渡航や動員された朝鮮人は約6千～7千人とされ犠牲者も出たとされるが、関連史料が乏しく、人名をはじめ詳しい労働実態は分からなかった。

同村には地下壕の一つ「象山地下壕」を掘り進めた清野口があり、壕の入り口や削岩用のコンプレッサーの台座跡が残る。NPO法人松代大本営平和祈念館（長野市）によると、朝鮮人労働者の宿舎として半地下式の三角兵舎など130棟余が並び、住環境は劣悪だったとされる。

青木孝寿《たかじゅ》・元県短大教授（故人）の著書によると、地下壕工事前の44年2月に2千人だった同村の人口は、敗戦後の45年11月に約4千人に増加。多くは朝鮮人労働者だったとみられ、今回見つかった手帳の166人は、その一部の可能性がある。

同法人は、昨年6月に存在が明らかになった名簿と手帳の一部を照合。これまでに2家族計10人と単身の男性1人の名前が一致した。世帯主の男性の1人は坑夫で43年3月には愛知県武豊町に、別の世帯主の男性は西筑摩郡三岳村（現木曽郡木曽町）にいたことが分かった。単身の男性は人夫で以前は秋田県内にいた。

「朝鮮人強制連行」（岩波新書）などの著書がある外村《とのむら》大《まさる》・東京大教授（日本近現代史）は「名前や本籍、家族構成に加え、転々としながら暮らしていたとみられることが分かる貴重な史料だ」と評価。同法人理事長の花岡邦明さん(67)＝長野市＝は「個別の朝鮮人労働者について、（名簿で明らかになった）戦後の帰国段階から戦時までさかのぼることができる」とし、労働実態の解明を進める考えだ。

（井口　賢太）

動員朝鮮人名簿 15人生存

松代大本営労働従事者の家族ら 韓国で確認

8人から当時の証言

記憶を拓く　기억
信州半島世界

太平洋戦争末期、松代大本営地下壕《ごう》（長野市）の建設工事に動員された朝鮮人の名簿と戸籍調査史料に記載された労働者家族のうち、少なくとも15人が韓国で生存していることが13日までに、信濃毎日新聞の取材で分かった。うち8人から、韓国で工事や当時の生活などに関する証言を得た。亡くなった人も含めると、名簿記載の少なくとも53人が実在したことも確認した。

名簿は、同地下壕を中心とする県内の労働現場に動員された朝鮮人とその家族計約2600人分。1945（昭和20）年8月の終戦後に帰国する際、工事事業者や警察署が作ったとみられる「帰鮮関係編纂《さん》」などで、創氏改名後の名前や本籍地、年齢が記されている。記載された朝鮮人の数は、これまで見つかった史料では過去最多。2018年、信濃毎日新聞の報道で存在が明らかになった。

戸籍調査史料「内地在住朝鮮同胞戸籍及《および》寄留調査手帳」は、45年2月に日本の司法省が朝鮮人の徴兵に向けてまとめたとみられる。手帳6冊には、当時の清野村（現長野市松代町清野）に住んでいた計166人の名前や本籍地、職業を記載。名簿と人名の一部が重複している。

秘密工事だった地下壕の工事は残された史料が乏しく、実態は不明な点が多い。信濃毎日新聞は名簿と調査史料を基に19年10月、韓国で取材を開始。今年1月下旬までに記載者が最多の慶尚南道と、次に多い慶尚北道で計100人余の消息を探った。

実在を確認した53人には、工事に従事した労働者が含まれていたが、生存者はいなかった。生存が確認できた15人はいずれも当時10歳以下の子どもで、現在は70～80代。本籍地と性別の内訳は、慶尚北道醴泉《イエチョン》郡の女性2人、同清《チョン》道《ド》郡の男性2人、女性1人、慶尚南道陝川《ハプチョン》郡の男性4人、女性1人、同居昌《コチャン》郡の男性1人、同咸陽《ハミャン》郡の男性1人、女性1人、同固城《コソン》郡の男性1人、女性1人＝地図。現在は釜山《プサン》や大邱《テグ》などに暮らす。

証言した8人は終戦時は0～8歳。松代で家族と暮らし、主に父親が工事に従事した。工事の飯場（作業員宿舎）があった清野村で生まれた人もいた。いずれも日本の敗戦で韓国に帰国。取材に、日本に渡った経緯や日本での生活を証言した。

一方、地下壕の壁には「密城」「相天」の文字が残されており、名簿の記載から、この文字が慶尚南道固城郡出身の人名ということが判明していたが、今回、親族への取材で実在が裏付けられた。韓国名は「朴相天《パクサンチョン》」で、帰国後に40、50代で亡くなったという。名簿の存在が明らかになるまでは、この文字は地名と考えられていた。

（井口 賢太）

◇

名簿と戸籍調査史料に基づく現地取材の経過と得られた証言について、15日から「記

証言に貴重な情報の可能性

「朝鮮人強制連行」（岩波新書）などの著書があり、名簿を分析している外村《とのむら》大《まさる》・東京大教授（日本近現代史）

戦時下の社会や労働について鮮明な記憶を持つ人がほとんどいなくなっている今日、それらに具体的なイメージを持てなくなっているのが実情だ。とりわけ日本人にとっては、植民地支配を受けていた側の人々のことは想像しにくい。当時、子どもだった人の証言でも貴重な情報を含むだろうし、それを聞いて松代に当時住んでいた日本人が何かを思い出す可能性もある。

名簿に名前があった人たちの証言に接し、本来、自分たちが生まれ育った朝鮮を豊かにするための労働に従事してもよかったはずの人がなぜ松代大本営の工事で働いていたのか、考えるきっかけになるといい。

韓国で証言を得られた方々

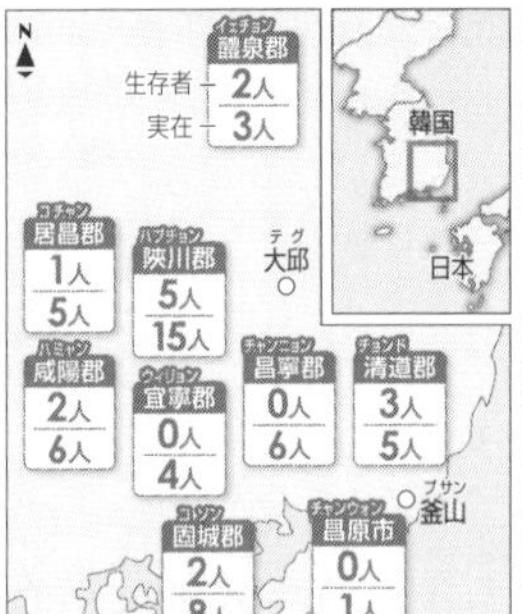

松代大本営地下壕　太平洋戦争末期、本土決戦に備えて国家中枢を移そうと、旧陸軍が現在の長野市松代地区にある三つの山に建設を進めた地下壕群。象山には政府各省など、舞鶴山には天皇皇后の御座所や大本営を移し、皆神山は食料貯蔵庫として使う計画だった。1944（昭和19）年秋に始まった工事は、建設会社の西松組や鹿島組（ともに当時）などが請け負い、日本人のほか、自主渡航したり、強制連行されたりした朝鮮人約6千～7千人が従事したとされる。事故で多くの犠牲者を出したとみられ、計画総延長約13㌔のうち約10㌔を掘っ

韓国側の報告書刊行

2600人の年齢・出身地考察

松代大本営地下壕 朝鮮人元労働者らの名簿

記憶《キ オク》を拓く

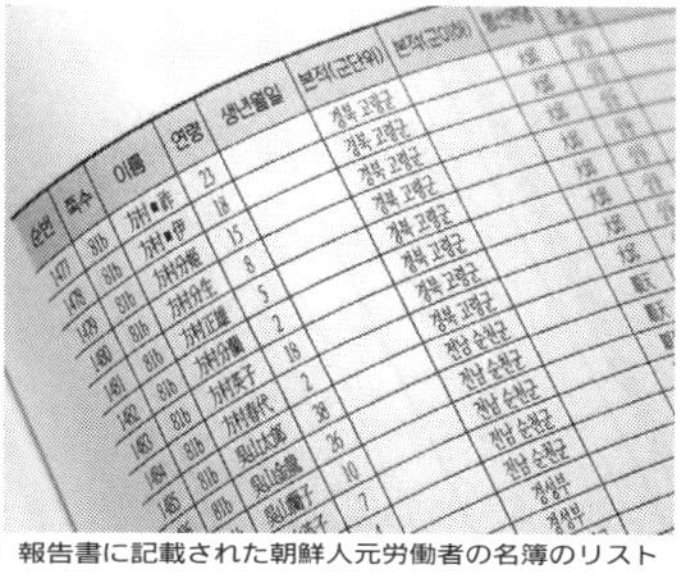

報告書に記載された朝鮮人元労働者の名簿のリスト

太平洋戦争末期、松代大本営地下壕《ごう》（長野市）の建設工事に動員された朝鮮人元労働者とその家族の名簿について、韓国の研究者が学術的に分析した報告書が15日までに、同国内で刊行された。名簿記載の約2600人を一覧にし、年齢構成や出身地について考察。地下壕で実施した現地調査や、韓国国内で生存者を捜した経緯にも触れている。

報告書「松代大本営建設朝鮮人強制動員の実態」＝写真左＝はB5判124ページ。高麗大学韓国史研究所の曺健《チョゴン》研究教授(43)＝肩書は当時＝らが2018年に名簿の存在が明らかになったことを受けて調査、執筆した。11年に曺教授らがまとめた報告書「日本地域の地下壕に関する真相調査―松代大本営地下壕を中心にして」の改訂版に当たり、同じく18年に見つかった清野村（現長野市松代町清野）の朝鮮人戸籍調査史料の分析も加えて昨年12月に刊行した。

報告書では、名簿記載者のうち10歳以下が4分の1に達し、60歳以上が34人いることに着目。戦争末期に労働者を高齢者、子どもごと朝鮮半島から移動させた可能性は高くないと指摘した。日本の内地にいて動員された人が少なくなく、「『自由労務者（自由募集に応じた労働者）』の形を帯びていた」とした一方、「軍の大工事がある」と聞き、企業を通じて松代に入った経緯から「構造的強制性を看過してはならない」とした。

一方、過去の動員体験者の証言から、強制的に現場に連れて来られた事例もあったと指摘している。

松代大本営については「本土決戦を目的に構築した施設」とし、その本土決戦の実情は「天皇を守るために一般国民を戦争に追いやること」とした。移転計画に松代が適任地として選ばれた理由として、岩盤が丈夫なことや近くに飛行場があることを挙げ、「一般民衆に対する考慮はなかった」とした。

曺教授らは昨年9月、地下壕の調査・研究に取り組むNPO法人松代大本営平和祈念館（長野市）の案内で地下壕を調査。同11月に名簿記載の朝鮮人元労働者を慶尚北道醴《イェ》泉《チョン》郡で捜した。報告書には、韓国人研究者や信州大生、日本の社会科の教員らが地下壕の調査を進め、80年代には地元の高校生や市民団体が保存活動を展開したことにも触れた。醴泉郡で名簿を頼りに高齢者から聞き取りをした様子も紹介。名簿記載の女性2人を捜し当てたが、証言は得られなかったとした。

今回の調査、分析は韓国政府直属の日帝強制動員被害者支援財団（ソウル市）が委託。関連研究や次代の教育に生かすなどとしている。

◇

曺教授らの調査、聞き取りへの取材の経過は26面掲載の連載「記憶を拓く 第2部 動員者たちの名簿から②」に掲載しています。

実態解明へ調査継続必要

生存者の証言は盛り込まれず

解説　松代大本営地下壕の朝鮮人元労働者の名簿について、今回の報告書の策定を委託した韓国の日帝強制動員被害者支援財団は、盧武鉉《ノムヒョン》政権（2003～08年）が過去の日本の植民地支配や戦後の国家権力による人権侵害の調査と救済を掲げた「歴史の清算」の流れをくむ。11年の報告書では文献調査にとどまったため、現地調査や当事者捜しなども行い「被害の具体的な規模と実態を把握した」とした。ただ、報告書には名簿に記載された生存者の証言は盛り込まれていない。信濃毎日新聞の取材では少なくとも15人の生存が確認されており、内容には課題も残している。

今回の報告書には「現場を直接訪問して状況を調査し、生存者を見つけ証言を採録しようと努めた。結果的に被害生存者を探すことはできなかった」と記述した。ただ、実際に名簿記載者を捜したのは1日だけ。信濃毎日新聞による昨年10月から今年1月までの取材では、名簿記載者の中から15人の生存を確認、うち8人から証言を得た。

財団運営管理局の李在喆《イジェチョル》局長(58)は「名簿は強制動員の証拠資料になる」と強調。ただ、報告書では名簿記載者に子どもや高齢者が含まれ、日本企業の自由募集に応じた朝鮮人が少なくなかったと推定される点にも触れた。より具体的な就労実態を明らかにするためには、調査の継続が必要となる。

一方、地下壕を巡る日本側のこれまでの調査はほとんどが市民団体によるもので、実際に朝鮮人を働かせた日本企業による情報公開や、国としての調査研究は進んでいない。元徴用工問題をめぐり日韓両国は対立を深めているが、動員の実相を明らかにし、歴史の教訓を得るためには日本側の努力も求められる。

（井口 賢太）

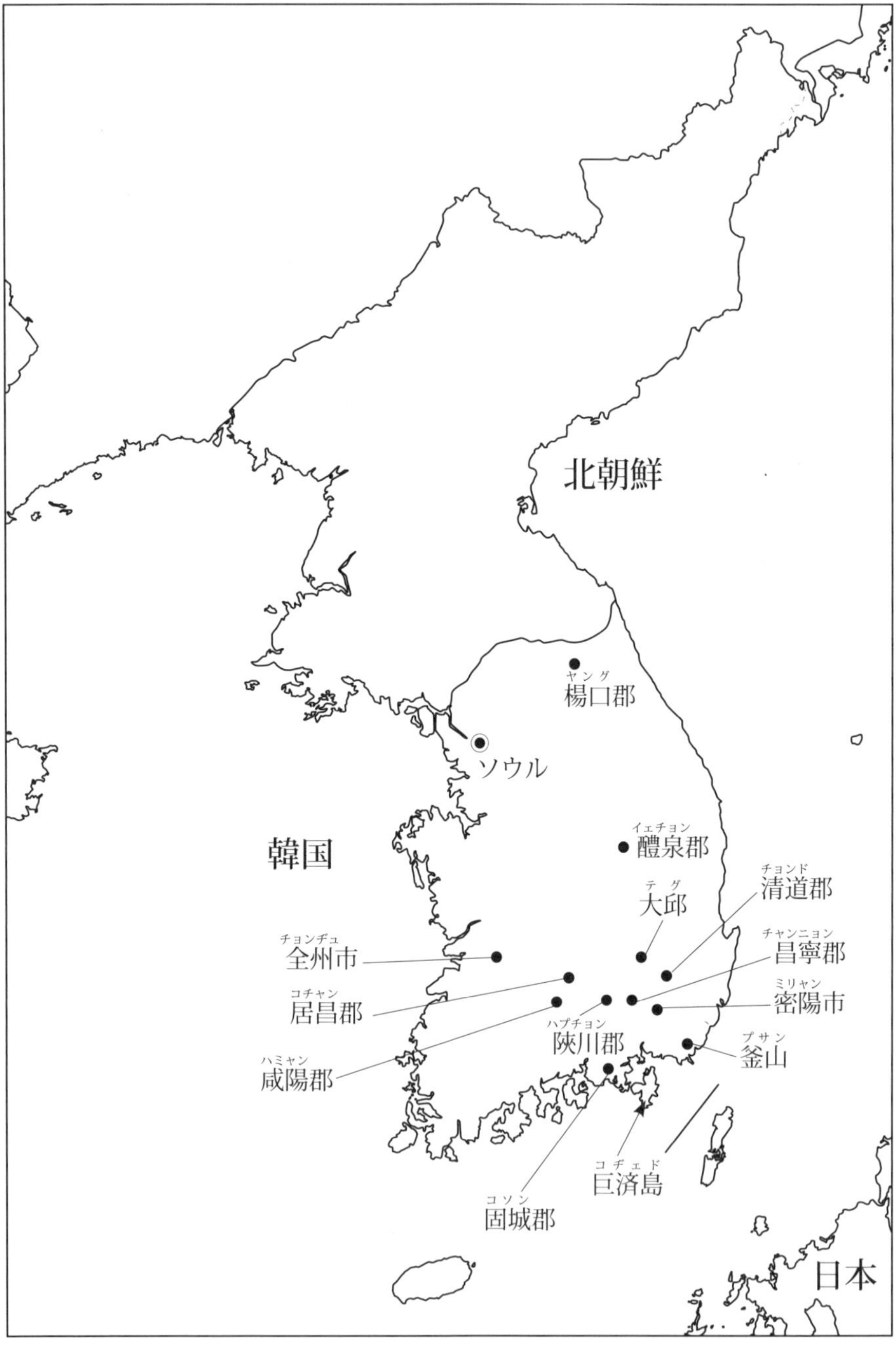
北朝鮮
楊口郡《ヤング》
ソウル
韓国
醴泉郡《イェチョン》
清道郡《チョンド》
大邱《テグ》
全州市《チョンヂュ》
昌寧郡《チャンニョン》
居昌郡《コチャン》
密陽市《ミリャン》
陜川郡《ハプチョン》
釜山《プサン》
咸陽郡《ハミャン》
巨済島《コヂェド》
固城郡《コソン》
日本

実態証言　残された猶予は

「いま、韓国と日本の仲が悪い。昔の話を記事に書いて、子どもたちに悪い影響があるんじゃないか」

２０２０年１月９日、韓国・釜山《プサン》。松代大本営地下壕《ごう》（長野市）の工事に動員された朝鮮人労働者を探して、18年に見つかった当時の戸籍調査史料のリストを手に訪ねた記者に、元労働者の息子の妻はこう言った。

19年11月の初め、取材への協力を得ようと同国の慶尚南道昌寧《チャンニョン》郡の現地機関を訪ねた。この時にも、職員に「いま、こんな取材をして大丈夫なのか」と心配された。

18年10月、韓国大法院（最高裁）が日本企業に元徴用工[*1]への賠償を命じたのを機に悪化した日韓関係。その元徴用工に当たる人を捜しに来た記者は、取材先で何人かの韓国の人々からけげんな表情を向けられることになった。

問題をきっかけに、韓国で日本製品の不買運動が起きた。「ＢＯＹＣＯＴＴ　ＪＡＰＡＮ（ボイコットジャパン）」の文字がソウル市内に掲げられ、コンビニエンスストアから日本のビールが消えた。日本でも「解決済みの問題を蒸し返した」として韓国を批判する声が強まり、「断韓」を呼び掛ける雑誌も現れた。

19年11月下旬、韓国側が破棄を通告していた日韓軍事情報包括保護協定（ＧＳＯＭＩＡ＝ジーソミア）の維持を発表した後、対立はいったんは沈静化したようにも見えた。だが、両国の政治的解決の道は遠く、火種はくすぶり続けている。

18年に存在が明らかになった約２６００人の朝鮮人元労働者や家族の名簿と、戸籍調査史料（※44〜45

ページの新聞紙面参照)。これを基に松代大本営地下壕の朝鮮人動員の実態について証言を得ようと取材の計画を立てたのは、対立が激化していた翌年10月。出発前、友人から「韓国に行って大丈夫なの」と心配された。

燃え盛る溶鉱炉に鉄の棒で石炭を突き落としたり、重機を操作したり。感電ややけどもした。技術を習得できるという説明とは全く異なる劣悪な環境。外出の自由を奪われ、食事は少なく、賃金は小遣い程度で、貯金させられた残りは渡されなかった――。

「ブラック企業」が厳しく非難される現代、たとえ労働者が自ら求人に応じたとしても、こうした労働に従事したことを「自己責任」と切り捨てる人はいないだろう。だが、これが戦時中の日本の製鉄所で、朝鮮人の「徴用工」が日本企業に強いられたと司法に訴えた内容となると、受け止めは変わってくる。

植民地支配は当時合法か違法か、労働は強制か自発的か、賠償については決着済みか未決着か――。国と国とが主張をぶつけ合う。一方、元労働者たちの具体的な境遇や気持ちには、どれだけ目が向けられているのだろうか。

松代大本営の「象山地下壕」(全長約5・8キロ)の内部には、天井に刺さったままの削岩機のロッドや、朝鮮人が記したとみられる文字が今も残る。

これまでの研究で、自由募集に応じた人と徴用された人が「半々」とされてきた松代の朝鮮人労働者。秘密工事だったために労働者たちは働いていた場所を知らされず、戦後、他の元徴用工のように司法の場に訴え出ることもほとんどなかった。日本の市民団体や高校生が聞き取りを続けてきた当時の関係者も多くは亡くなり、生きた記憶は消えつつある。

そうした中、18年に存在が判明した約2600人の名簿と戸籍調査史料。2020年で終戦から75年がたち、当時二十歳の若者でも95歳だ。果たして猶予は残されているのか——。

改めて名簿に目を落とす。「野村正光」「玉山甲順」「金城龍達」。紛れもなく日本名で生きた一人一人の朝鮮人の名前が記されている。若者やお年寄り、夫婦や幼い子どもたちがいたことが分かる。彼らは松代でどのように生活し、帰国した母国でどう生きてきたのだろう。

国家間の対立を報じるのも大事だが、まずは当事者の話に耳を傾けるのが記者の仕事だ。今となっては誰にも出会えないかもしれないけれど——。そんな気持ちを胸に、松代に動員された人々の足跡をたどる旅を始めた。

生存者を捜す韓国の研究者に同行

「『慶南　陽郡』とあるのは、密陽郡《ミリャン》（現密陽市）ではないか」「いまの住所と一致しない。もしくは咸陽《ハミャン》郡か」

19年10月31日夜、韓国ソウル市の私立大学、東国大学の一室を訪ねた。高麗大学韓国史研究所の曺健《チョゴン》研究

松代大本営地下壕に動員された朝鮮人名簿を頼りに、聞き取り調査をする金相奎さん（左から２人目）

教授（43）＝韓国近代史＝は、同大大学院生の金相奎《キムサンギュ》さん（38）、建国大学大学院生の李敏聖《イミンソン》さん（29）と机を囲んでいた。ノートパソコンの画面は、松代大本営地下壕の元労働者名簿に記載された名前や本籍地を表示していた。

「日帝強制動員被害者支援財団」。日本人からすると少しどきりとさせられる名前のこの財団から委託を受け、３人は名簿の分析を進めていた。曺教授は11年、同地下壕について文献調査に基づいて報告書をまとめた。今回は新たに存在が確認された名簿の内容を報告書に補足し、「生存者がいるなら彼らの声を盛り込みたい」とのことだった。

朝鮮人労働者については旧厚生省が１９９０年代に韓国政府に提出した１１００人余分の名簿がある。このうち松代関連は78人分。聞き取り調査も進められたが、いまだ詳しい実態は明らかになっていない。

約２６００人分の名簿は、新証言を得られるチャンスをもたらした。だが、当事者の特定や聞き取りに向けた日韓の動きは鈍かった。年月の経過による当事者や遺族の死去、松代に関する研究者の少なさ、調査を続けてきた日本の市民団体の高齢化——。曺教授らも当初、見通しの暗さから現地調査に及び腰だった。

19年9月、地下壕を調査するため長野市を訪問した曺教授と金さんに、地下壕の調査・研究をしているNPO法人松代大本営平和祈念館[*2]（長野市）の北原高子さん（77）は名簿を示して言った。「当時まだ幼かった方の中に生存者がいるかもしれない。話を聞きたいと思うが、捜していただくことはできないか」

北原さんは現地の公的機関などに生存者捜しへの協力を働き掛ける手紙を送る計画も明かした。「最近は個人情報の問題でコンタクトを取るのが難しい」と応じた曺教授だったが、北原さんの熱意を感じ、どのような方法があるか考え始めていた。


生存者を捜す曺教授の調査に、記者は同行を願い出た。目的地は生存の可能性の高い10歳以下の子どもが最も多い慶尚北道醴泉《イェチョン》郡が選ばれた。

名簿には創氏改名[*3]後の日本名が並ぶ。手掛かりになるのか聞いてみると、「それはわれわれも悩みだ。ただ、名字は作ったが、名前は元々の朝鮮人名を使う場合が少なくなかった」と曺教授。それでも「やはり時間がたちすぎている。見つかる可能性は高くない」と話した。

11月2日正午前、醴泉郡の老人会館に着いた。しばらくして、里長（日本の区長に相当）から紹介されたという李然茂《イヨンム》さん（67）がミニバイクでやってきた。

父親が日本の炭坑に徴用されたが、戦後生まれで「詳しいことは分からない」と言う李さんに、金さんが名簿にあるこの地域の出身者の名前を韓国語で読み上げていく。「吉田火夫、八重子、松子《ソンヂャ》、英子《ヨンヂャ》……」

「（松子と英子が）姉と同じ名前だ」。李さんが反応した。

金さんが「１９４５年当時は5歳と3歳でしたが、年は近いですか」と確認する。「大体合っています」と李さん。「姉2人は幼い時、日本に行っていましたか」との問いに「行っていた。２人はまだ生きています」。

李さんはソウル在住という松子さんの電話番号を教えてくれた。英子さんは隣の市に暮らしているという。後日、松子さんに連絡を取ると、取材を承諾してくれた。予想外に早く当事者と会えることになり、胸が高鳴った。

だが後日、松子さんの息子から電話があった。「覚えていることはほとんどない。負担になるからやめてほしい」。英子さんの連絡先を聞こうと再び連絡を取った李さんは、なぜか「迷惑を掛けないでくれ」とつれなかった。

「負担」「迷惑」という言葉が気にかかった。「自分が日本人だから？」「思い出したくない？」。事情は分からないものの、そんな想像が頭を駆け巡った。

手掛かりはまた途絶えた

「これは韓国メディアがやらなければならない仕事だ」

19年11月4日、韓国南部にある第2の都市・釜山《プサン》から車で1時間半ほどにある慶尚南道昌寧《チャンニョン》郡。郡庁の地下1階の喫茶室で、松代大本営地下壕工事の朝鮮人元労働者の名簿の名前を丹念に目で追っていたインターネットメディア「プレシアン」の李喆雨《イチョルウ》記者（52）は、興奮気味に話した。

2日前、高麗大学韓国史研究所の曺健《チョゴン》研究教授らによる現地調査に付き添った。慶尚北道醴泉《イェチョン》郡で名簿記載の当事者2人を見つけたが、取材を断られ、手繰ろうとした糸は切れた。

曺教授らの現地調査は結局、生存者に行き着くことなくこの1日だけで終わってしまった。動員された人々の被害真相調査をうたいながら、切り上げの早さに肩すかしを食らった気持ちになった。

1人になり、手探りの取材が始まった。名簿に記載された人が最も多い昌寧郡で理髪店や田畑にいた人らに手当たり次第に聞き込んだ。多くは「日本名では分からないね」とつれない反応。植民地時代の創氏改名*3が、本人の特定を難しくしている。初日の調査にならって地域のお年寄りが集まる「敬老堂」も訪ねたが、やはり手掛かりは得られなかった。

「いいことをしているね」「いったい何しに来た。人間扱いをされなかった植民地時代の恨みは多いんだ」。さまざまな受け止めの前に、真意をうまく伝えられない歯がゆさを感じた。

郡庁で待ち合わせた李記者は、渡韓前に昌寧郡在住の日本人通訳に「現地の記者がいれば会いたい」と伝え、紹介された。元々は地元紙「慶南道民新聞」の記者で、「プレシアン」でもこの地域を担当しているという。同じように地方を巡っている記者として、協力を得られるのではないかと期待した。

松代の名簿の存在が明らかになったニュースは19年、韓国の全国紙でも報道された。だが、連日のように元徴用工のニュースを報じていた韓国メディアが、名簿記載の人々の足跡を追っている様子はなかった。李記者も名簿を初めて目にしたといい、「これほど多くの動員者がこの地域にいたとは知らなかった」と驚いていた。

とはいえ、これまで日本のメディアも個々の当事者に関心を払い続けてきたわけではない。結果として、今回の取材までに75年もの年月をたたせてしまった。「何とか見つけ出さなければ」。そんな思いを強くした。

李記者は、行政トップの郡守との面会を取り計らってくれ、郡内のより小さい行政単位の「邑《ウプ》」「面《ミョン》」の事務所をいくつか一緒に回ってくれた。どこも協力を約束してくれたが、やはり名簿の記載が日本名で、本籍地の詳細が不明なことがネックになった。

頼みの綱は、名簿や戸籍調査史料に載っている本籍地にわずかながら番地の記載があることだ。名簿で「岡村仙吉」を筆頭とする一家6人の本籍地「都泉面一里573」を訪ねることにした。

太平洋戦争末期、松代大本営地下壕の関連施設として、長野県須坂市に通信施設を開設するための地下壕が掘られていた。その工事を担う「須坂作業隊」所属の「岡村仙吉」は当時56歳。一家には17歳の次男、1歳の孫娘とみられる名前もあり、証言が得られるかもしれないと期待した。

「今もまだ家がありますね」。取材に応じた郡庁職員の金承圭《キムスンギュ》さんは、地図を指し示して言った。敷地の半分は川と堤防になっているが、今も家が建っているようだ。時間は午後4時前。暗くなる前に現地へ車を飛ばした。

通りから塀越しにのぞき込む。傾いた屋根と剝がれた壁、荒れ放題の庭が目に入った。3棟の平屋からはいずれも生活の様子は感じられない。

向かいの家の女性（72）は「ここは空き家。朴《パク》さんといったが、おじいさんの弟が日本に行き、亡くなったと聞いている」と話した。

翌日、別の番地が分かる一家の本籍地も訪ねたが、そこは一面の貯水池になっていた。手掛かりはまたそこで途絶えた。

同化の背後に浮かぶ差別

「韓国の広島」と呼ばれる地域がある。慶尚南道陜川《ハプチョン》郡。この山がちな田舎町からは戦時中、多くの人が広島に渡り、原爆の被害に遭った。1979（昭和54）年に建てられた原爆被害者福祉会館には今も約100人の被爆者が暮らし、慰霊施設や資料館もある。

松代大本営地下壕の朝鮮人名簿に記されている約2600人のうち、81人の本籍地として記録されている同郡。2019年11月7日昼前、手掛かりを求めて同資料館を訪ねた記者を、自らも原爆投下当時に広島にいたという韓国原爆被害者協会陜川支部長の沈鎮泰《シンヂンテ》さん（76）が迎えた。「長野県に動員された人たちを捜している」と伝えると「ご飯を食べたら来なさい。一緒に行ってあげるよ」と言われた。

沈さんを伴って集落のお年寄りが憩う敬老堂を訪ねた。外にいた高齢の女性たちに名簿について説明すると「日本人が補償してくれるのかい?」と、からかうような口調で言われた。中に入ると、1人の男性がテレビを見ながら横になっている。金乙煥《キムウルファン》さん(83)。韓国の伝統的な床暖房設備「オンドル」の効いた部屋で温まりながら、気ままな毎日を送っているのだという。

「この中で知っている人はいますか」。沈さんが名簿を見せる。日本姓の「金山」を韓国姓の「金」と読み替えながら「金達柱《キムタルチュ》、今柱《コンチュ》、道柱《ドチュ》……」と読み上げた時だ。乙煥さんは事もなげに言った。「達柱は叔父で、今柱も道柱も親戚だ。日本に行っていたよ」

近くの自宅に移り、軒下に腰掛けた乙煥さんは、既に故人となった叔父らについて語り始めた。ただ、出てくるのは戦後の思い出。日本に渡った経緯や、松代の話は本人たちから聞いていなかった。

2日後、同じ敬老堂を訪ねた。名簿の「今柱」の隣の「金山鶴桂」という人物について聞き漏らしたからだ。「知らないなあ」。この日も部屋で1人で横になっていた乙煥さんはそう答えたが、ふとこう言葉を継いだ。「13歳上の兄が日本へ行った。鶴圭《ハックゥ》という名だ。マッコリが好きで、自家製を一緒に飲んだよ」

年齢などを付き合わせ、「圭」が名簿で「桂」と誤記されていたことが分かった。

少しずつ当事者に近づいているという実感を覚えつつ、乙煥さんと一緒に鶴圭さんの家を訪ねた。応対した長男の金鍾喆《キムチョンチョル》さん(69)によると、鶴圭さんは2001年に80歳で亡くなっていた。応接間に通された記者の目に、意外な光景が飛び込んできた。

朝鮮総督府発行の日本語教科書、きちょうめんな筆跡の漢字や片仮名が並ぶノート、日本語の卒業証書……。そんな鶴圭さんの遺品が額装され、壁一面に飾られていた。

日本は植民地だった朝鮮半島で同化政策の一環として「皇民化教育*4」を行った。日本語は朝鮮人にとって「押しつけられた」はずだ。その証拠が「栄誉」として飾られている——。鍾喆さんは「父は日本で建設会社の事務をしていた。日本語ができて筆が上手だったから」と胸を張った。

鍾喆さんにも、父親が働いた場所が松代とは伝えられていなかった。戦後、日本語と朝鮮語の読み書きができた鶴圭さんの所に「手紙を読んでほしい」との客が絶えず、新年に門や玄関に張る札の文言の筆記も求められたという。

終戦直後とはいえ、朝鮮半島でなぜこれほど読み書きできる人が頼られたのか。

1930（昭和5）年の国勢調査に識字率の項目がある。6歳以上の識字率は日本人95・2％に対し、朝鮮人は27・4％。同志社大社会学部の板垣竜太教授（47）＝朝鮮近現代社会史＝によると、朝鮮では学校や教員の数が限られ、義務教育を施行しないなど「『同化』をうたいながら教育差別があった」。それは、地方ほど顕著だったという。

当時、就学できた朝鮮人の多くが日本の内地にはなかった4年制の普通学校に通い、中等学校に進学できなかった。渡日前、10キロ離れた村外の6年制学校を出た鶴圭さんの卒業証書を指さし、記者に「父が長野にいたことが分かって良かった。子や孫に伝えられる」と語った鍾喆さん。父を誇るその思いの背後に、差別の下に置かれた人々の姿も浮かんだ。

初めて出会えた松代の生存者

1カ所目は空き家、2カ所目は貯水池――。19年11月、松代大本営地下壕（長野市）の建設工事[*5]に携わった朝鮮人たちの名簿や戸籍調査史料を頼りに、慶尚南道昌寧《チャンニョン》郡を巡った。番地まで記載のある本籍地を訪ね歩いたが、まだ同郡内で当時松代にいた人や遺族には出会えていなかった。

3カ所目は同史料記載の「慶尚北道 清道《チョンド》郡清道面陰地里《ウムヂ》472」。昌寧郡から車で1時間以内の、闘牛が盛んな地域だ。鍛冶工「西原小徳」の本籍地で、妻と3人の子どもの名前も記されている。鍛冶工ならば、地下壕の掘削に使うつるはしなどの工具を直したり、トロッコのレールをしつらえたりしたのだろうか、と想像が膨らんだ。

11月6日、郊外の坂道を上っていくと、時間の流れが止まったような古びた集落に着いた。ぴったりと閉じた門越しに瓦屋根の平屋が見え、掃き出しの窓の前に家財が散らばっている。残念だが空き家のようだ。肩を落としていると、向かいの家からいい匂いが漂ってきた。訪ねると、高齢の女性がカボチャのおかゆを作っていた。60年ほど前からここに暮らす女性は「ここは『韓氏《ハン》』の集落。その家にも韓さんが住んでいたけれど亡くなった。息子や娘も出て行ったよ」と教えてくれた。

創氏改名により「西原小徳」となる前の本名は「韓小徳《ハンソドク》」だった。手掛かりを得て地元の行政機関を訪ねると、一家がかつてそこに住み、近くに戦後生まれの次女がいることが分かった。

次女は次宣《チャソン》さん（71）。姉の月宣《ウォルソン》さんが同じ郡内に存命で、「日本にもいた」と話してくれた。月宣さんは現在81歳。松代では当時6歳だったはずだ。

12日昼すぎ、月宣さんの自宅を訪ねた。庭にはたくましい茶毛の闘牛。車を降りようとすると、「誰ですか？」と声を掛けられた。自宅から出てきた月宣さんに「日本の新聞記者です」と言うと、けげんな表情は驚きに変わった。

両手を広げて長屋の大きさを表現する韓月宣さん

初めて出会えた松代の生存者は目がかすみ、耳も遠くなっていた。史料に名前が書かれていたことを耳元で告げ、日本にいた時のことを覚えているか尋ねた。

「韓国に帰る船に乗ったのはうっすらと記憶があるが、他のことは覚えていない」と月宣さん。「父親は日本でどんな仕事をしていましたか」「ダイナマイトの大きな音を聞きましたか」「温かい布団をもらえましたか」。記者ははやる気持ちから、矢継ぎ早に質問を重ねた。

「モルゲッソ（分からない）」。月宣さんはそう繰り返した。自分がいた場所が長野だったことも知らなかった。

それでも細かく質問をつないでいくと、断片的な記憶を呼び起こすことができた。朝鮮人が周囲に大勢いたこと。畳の部屋で過ごし、冬は寒かったこと。外で遊んでいると飛行機が飛んできて、家の中へ入るよう言われたこと——。「コンテナみたいな長い家がいくつかあって、そこに住んでいた」と語った時は、両手をいっぱいに広げた。

父の仕事を「山の木を切って運搬する監督をしていた」と語った月宣さんの顔には、ようやく笑みも浮かんだ。ただ、日本での暮らしを思い出す時があるか尋ねると「考えることもないね」。6歳の頃の記憶は、既に輪郭を失って心の奥底に沈殿してしまっているようだった。「今度、いろいろな資料を持ってまた来ます」。そう伝えて別れた。

高麗大の曺健《チョゴン》研究教授らによる調査への同行を皮切りにした取材。11月12日までの12日間で話を聞けたのは、生存者1人と数人の遺族にとどまった。どうすればもっと多くの人に出会えるだろうか。帰国後、名簿を見ながらさっそく次回取材に向けて考えを巡らせた。

「長野」語る無邪気な表情

松代大本営地下壕に動員された朝鮮人元労働者の名簿を手に、記載された人が多い地域で手当たり次第に聞き込んだ19年11月の取材。だが、年月の経過で既に死亡していたり、住居が空き家になっていたりするケースが多かった。

12月の2回目の訪韓に当たり、記憶がありつつ生存の可能性が高い当時10～20代前半だった人を含む家族35組を選びだした。人数の多い地域で名簿記載者に順番に当たっていく「面」の取材から、証言を得られる可能性が高い家族を1軒ずつ捜す「点」の取材へと切り替えた。

これまでの取材で、植民地時代や戦時中の証言は、お年寄りが集まる敬老堂で得られやすいことが分かった。12月13日、当時10歳とある「斉藤福達」を捜して、慶尚南道陜川《ハプチョン》郡の敬老堂を訪ねた。

「福達なら聞いたことがある」。テレビを見ていた高齢女性のひと言が決め手となった。見せられた電話帳にハングルで「崔福達《チェボクタル》」とある。「崔」の日本語の音読み「サイ」から連想して「斉藤」にしたのか――。そんな想像がよぎった。別の敬老堂にいると聞いて車で訪ねた。


外に出てきた崔福達さん（83）は、肌の血色も良く、快活で年齢の割に若い印象だった。農業を営んできたが、今はほとんどの時間を敬老堂で過ごしているという。

「長野、大阪、山梨……。4、5カ所を転々とした」。これまで出会った生存者や遺族から「長野」という言葉を聞くのは初めてだった。崔さんが6歳の時、一家6人は出稼ぎで日本に渡り、父親は各地で建設作業員をしていた。名簿によると「須坂作業隊[*6]」に所属。秘密工事だった松代大本営地下壕工事と比べても、関連工事の通信施設については残された証言が少なく、実像はほぼ分かっていない。

「大きな道路があり、その向こう側に朝鮮人の集落があり、その後ろに山があった」。崔さんが記憶をたぐり寄せ、その風景を記者は頭に思い描く。「山の麓に穴があり、父は毎日そこで仕事をしていたようだ。監

須坂などで過ごした子ども時代を笑顔で語る崔さん

督は日本人で大勢が働き、夜もカンテラを持って穴に出入りするのを見た」。崔さんはかなりはっきりと当時の光景を覚えていた。

地下壕の掘削には当時、ダイナマイトが使われた。「音を聞きましたか」と聞くと、「聞いたよ。『発破やー』の声でみんな避難して1、2分後に爆発した。一日に昼と夕方5時の2回。砂利が家の屋根まで飛んでくるほどだった」とよどみなく答える。「見てはいないが、けがをした人もいただろうね」

父親の働いていた現場は「軌道が敷かれ、トロッコに岩石を積み、押して外に捨てる様子が遠くから見えた。近くの穴は50メートル先、遠いと100メートル離れていた」という。「穴に近づくと、危険だから来るなと言われた」

大人たちが「戦争になったら、この穴に逃げ込めば助かる」と話しているのを聞いたとも。このため「自分たちも入れると思っていた」と振り返った。

「考えたら、日本にいた時代は本当に良かった」。2020年1月、改めてじっくり話を聞こうと自宅を訪問した記者に、崔さんはぽつりとつぶやいた。

須坂などにいた頃は、地元の小学校に3年生まで通った。友だちから「ふくたつ」と呼ばれ「差別されることもなかった」。隣の席の日本人の女の子と互いの家を行き来して一緒に遊び、雪が積もるとスキーを楽しんだ。「運動場で輪になってハンカチ落としをしたんだよ」。その表情は少年に戻ったように無邪気だった。過酷な現場での強制的な労働や死亡事故もあったとされる工事現場。だが、当時少年だった崔さんにとっては、終戦後の苦労の方が深く記憶に刻まれているようだった。

父親からは、帰国時にもらった金を盗まれ「東京まで追いかけて捜し出したが、半分しか取り戻せなかった」と聞いた。帰国後の生活は貧しく、学校にも通えないまま、生きるために水田を耕した。

「何かあると日本にいた時の話をするの。日本語も時々出るのよ」。隣で聞いていた妻の車月順《チャウォルスン》さん（77）が言った。

「山の、雪の降るところ」で聞いた爆発音

5人家族の筆頭は「玉山竜甲」。16歳、男性。祖母、母親に続いてきょうだいの「甲順」「龍吉」の名前もある。父親の名前は見当たらない。

19年12月、松代大本営地下壕の朝鮮人元労働者の名簿から、証言が得られそうな当時10～20代前半の人を捜していた記者。労働の担い手だったはずの父親がいない一家の境遇が気になり、同月11日、韓国慶尚南道

固城郡《コソン》を訪ねた。

地元の里長に案内してもらい、敬老堂に現れたのは「玉山龍吉」こと全龍吉《チョンヨンキル》さん（77）。しばらく取材の意図がのみ込めないようだったが、「日本では『まさお』と呼ばれた。甲順は姉だ」と教えてくれた。長兄の竜甲《ヨンガブ》さんは20年前、がんで亡くなっていた。

龍吉さんと一緒に、近くに住む姉の甲順《ガプスン》さん（80）を訪ねた。日本の敗戦時は6歳。今は夫に先立たれて1人で暮らす。会うなり、おもむろに居住まいを正して正座する甲順さん。「幼い頃にしつけられたか、日本では畳の上にこうしていたのを覚えているよ」


2人は日本で生まれた。最初に名古屋にいたことは覚えているが、「松代」という地名は記憶になく、いつ移ったのかも分からない。ただ、甲順さんは「山の、雪の降るところにいた。長い家に住んだ」と言う。朝鮮人労働者が住む長屋が並んだ松代の飯場（作業員宿舎）が浮かんだ。

「冬は寒く、畳の部屋で湯たんぽをタオルで巻いて足を温めた」と甲順さん。その頃の服装を聞くと、「フード付きの白い洋服でリボンも付いていた。袖口に黒い線が2本入っていた」と細かい。きっとお気に入りだったのだろう。そんな乙女心を感じた。

取材中、甲順さんは当時、隣の建物の窓から目にした光景を思い出した。傷を負った人たちが数人、横たわっているのが見えた。血を流した人、包帯を巻いた人、床擦れで皮膚が腫れている人もいた。

地下壕工事では、ダイナマイトの誤爆[*7]などで死者やけが人が多数出たとの証言が残る。甲順さんが見たのはそうした人々だったのか。龍吉さんはダイナマイトの音を覚えていた。「夕方になると爆発音が何発かあって。そうすると『ああ、きょうも一日が終わったな』とおじさんたちが言っていた」と語った。

名簿に記載のない父親は、松代とみられる地に移る前に感染症で亡くなったという。甲順さんによると竜甲さんは学生で、「頭がよくて勉強もした。紙飛行機を作ってくれた」と懐かしむ。なぜ、工事現場で働く男手がいない一家が松代にいたのか、その疑問は最後まで晴れなかった。

父親や竜甲さんの写真がないか尋ねると、「韓国では亡くなるとよほどのことがない限り、（故人の物を）全部焼いてしまう」と龍吉さん。不思議に思い「思い出になるのでは」と聞くと、「そうかもしれないが、田舎では焼いてしまう人がほとんどだ」。

今回の取材では他にも、祖父母や両親の遺品を焼いたという遺族に多く出会った。「故人が困らないよう、燃やしてあの世に送る」と言う人もいた。地方の風習のようだが、日記などがあれば、もっと当時の様子が明らかになったのに――との思いが募った。


「生活が苦しくて、日本に出稼ぎに行ったんだよ」。20年1月、自宅を再訪した記者に、甲順さんは一家が日本に渡った理由を語った。再び一緒に取材に応じた龍吉さんも「日帝時代（日本統治時代）にわれわれが育てた農作物を日本人が奪い取っていったからだ」と話した。

日本で生まれ、幼くして父親を亡くした2人にとって、こうした話のほとんどは韓国に戻って地元の集落などで耳にした。元徴用工裁判を巡る日韓対立について聞いてみると、強い口調で「ひどい目に遭った人は、必ず補償されるべきだ」と返ってきた。

一方、「問題を早く解決して仲良くできたらいい」との思いも口にした。甲順さんが幼い日の記憶をたぐる。「雪が降る日、仕事に行く母を引き留めたくて泣く自分を、おばさんがどこかに連れて行ってなだめてくれた。それは、日本人だったと思う」

戦時中に日本で生まれた2人

松代大本営地下壕の朝鮮人元労働者の名簿や、戸籍調査史料には年齢や生年月日が記されており、生まれて間もない乳幼児[*8]もいたことが分かる。朝鮮半島が日本の植民地だったために「祖国」と「故郷」が別々になってしまった人々。20年1月に行った3回目の韓国取材では、そうした人々の思いを聞こうと当事者を訪ねた。

戸籍調査史料の「西原小徳」こと「韓《ハン》小《ソ》徳《ドク》」の次男で、19年11月の取材で証言した韓月宣《ウォルソン》さん（81）の弟の承洙《シンス》さん（75）を釜山《プサン》に訪ねた。史料によると松代の工事が始まって4カ月後の１９４５（昭和20）年2月、清野村（現長野市松代町清野）で生まれた。

集合住宅の1室で、承洙さんは記者に「人を捜してどうするつもりですか」と言っていぶかしんだ。

「解放の年（日本の敗戦の１９４５年）に生まれた。故郷は日本だ」と承洙さん。自宅に上げてくれたが、目は合わせてくれない。妻が「昔から家族の集まりの時、姉（月宣さん）が『承洙は日本で生まれた』と言うのよ。ミルクがなくて大きくなれなかったって」と言葉を継いだ。

戦後、25歳まで父親の出身地の韓国慶尚北道清道郡《チョンド》で過ごし、小柄ながら国内の建設現場で肉体労働をして生きてきた。日本につながる記憶はほとんどなく、幼い頃に日本で撮った写真もいつの間にかなくしてしまったという。

「日本で生まれたことをどう感じていますか」と聞いてみると、困ったような顔で答えた。「日帝時代のせいで行っただけ。力があった日本が全て奪っていき、韓国は貧しく、従うしかなかった」

日本を嫌悪する気持ちがあるのだろうか。そう思って昨今の日韓対立に触れてみると、「考えてもみなかった。韓国の政治にそこまで詳しいわけでもないしね」。生まれて半年で終戦を迎え、まもなく韓国へ移った承洙さんは、日本にほとんど関心がないようだった。「故郷に行ってみたいと思いますか」との問いに、苦笑を浮かべるだけだった。

自分の名前が載った戸籍調査史料のリストを見て複雑な表情を浮かべる韓承洙さん

「細かく書いてありますね。こういうのは韓国にはない」。この日、同じく釜山の集合住宅で取材に応じた金龍達《キムヨンダル》さん（75）は、松代の名簿に自分の日本名だった「金城龍達」を見つけて感心したように言った。

金さんは、両親や兄3人とともに名簿と戸籍調査史料の両方に記載がある。地下壕工事が始まる3カ月前の44年7月、日本の別の場所で生まれ、同工事に伴い家族で松代に来たとみられる。

55歳で亡くなった父親の大述《テスル》さんは、同史料には33歳の「坑夫」とある。金さんはこれまで父親から「日本には出稼ぎに行ったが、どこかで捕まえられ、引っ張っていかれた。山に穴を掘った」とだけ聞いていた。戦争も末期に近づき、より強制力のある動員がなされたのか。そして、日本の国家中枢を移す地下壕の工事現場だったということは知らされていなかった。

「壕を掘るのはダイナマイトですか、それともつるはしですか」。これまで会った生存者や遺族で、相手から興味を持たれたのは初めてだった。「削岩機で穴を開けて、ダイナマイトを仕込んで爆発させました」と答えると、驚いた様子。「小さい時のことを知らないから。自分のルーツを知ることができた」と、納得したような表情を見せた。

小学校卒業後に釜山《プサン》に出ておでん屋に弟子入りし、60年間、夫婦で屋台を守り続けた金さん。大型店に押されて客足が減り、10年前に店を畳んだ。今は商業ビルの清掃の仕事をしている。

仕事が休みの日は、日本の方を眺めて望郷の念を抱いているという。周りの人と日本を話題にする時も「俺の故郷を悪く言うなよ」と言う。地下壕が一般公開されていると伝えると、「一度、行かないとなあ。地下壕の住所を教えてほしい」と頼まれた。

金さんは、戦時中に日本の鉱山で働いたという90代の親戚を紹介してくれた。会うたびに当時のことを話してくれ、記憶もはっきりしているという。翌日、記者はさっそく会うことにした。

流産した母　拒まれた手術

「朝鮮戦争で両目をやられてね」

松代への望郷の思いを語った金龍達さんの紹介で、戦時中に日本で働いたという親戚の金録俊《キムロクチュン》さん（91）と会った。長野市の松代大本営地下壕との関わりはないが、終戦時は17歳で、出会った人の中では最高齢。屋内でサングラスをかけた録俊さんは70年間、光のない生活を送ってきた。

録俊さんが住む全羅北道全州《チョンジュ》市は、慶尚南道昌寧《チャンニョン》郡から車で2時間余り。朝鮮戦争やベトナム戦争の傷痍《しょうい》軍人たちが住む集落に着いた。韓国の古傷を物語るこの集落にはかつて20人余が身を寄せたが、現在は録俊さん含め4人が暮らす。一人暮らしの録俊さんを、近くに住む次男と次女が世話している。

龍達さんの父大述《テスル》さん（故人）のいとこに当たる録俊さんは足腰も弱り、立ったり座ったりに苦労しながらも記者の取材に付き合ってくれた。

幼い日、かねて出稼ぎで大阪府布施市（現東大阪市）で働いていた父を追って、母親やきょうだいたちと共に故郷の慶尚南道居昌《コチャン》郡から日本に渡った。父は鋳物工場で働き、自分は地元の学校に通った。その後、空襲を避けて当時の高知県加茂村（現佐川町など）に移住。石灰を生産する会社で父や2歳下の弟と一緒に働いた。

1945（昭和20）年8月15日。玉音放送で日本の敗戦を知った。韓国では「光復節[*9]」と呼び、日本の植民地支配からの解放を祝う日だ。松代大本営地下壕の工事現場でも、働き口を失って途方に暮れた人もいたものの、朝鮮人労働者たちが「マンセー（万歳）」と叫ぶ声が響いた。

「ここで話しておきたいことがある」。取材が昼食を挟んで午後になり、録俊さんは終戦の日の体験についてそう前置きし、オンドルで暖まった床に横になって語り始めた。

妊娠３カ月で流産した母ウ・タンニさんはその日、午後から事後処置のため手術を受ける予定だった。正午、玉音放送が終戦を告げた後、病院に行くと「戦争は終わった。朝鮮人はもう日本人ではないから手術はできない」と言われた。「なぜだ。何とかしてほしい」。必死の思いで抗議すると、警察が来て一時拘束された。

手術は受けられず、腹に胎盤が残ったままの母を背負って水子となったきょうだいの成仏を祈りながら家路に就いた。２カ月後に下関から船で朝鮮半島に帰った4日後、母は39歳で息を引き取った。

冷戦を背景に１９５０（昭和25）年に始まった朝鮮戦争[*10]では、警察官だった弟を亡くした。「敵を討つ」との復讐心から軍隊に志願。北朝鮮境の江原道楊口《ヤング》郡などで繰り広げられた激戦のさなか、爆弾で顔面に重傷を負った。以来、視界は閉ざされたままだ。

53年の休戦後、傷痍軍人たちと無許可で映画館を運営したり、豆腐工場を営んだりして生活してきた。釜山などを転々とし、現在の集落に落ち着いた。

12年前、次男を連れて日本を訪れた。終戦後、初めての訪日だった。幼少期から青春時代まで過ごした大阪で喧噪《けんそう》を肌で感じながらも、もはや懐かしい風景を映すことができなくなった瞳から涙があふれた。

うつらうつらとしながらも4時間にわたって話し続けた録俊さん。語りはまた、母親の死に戻る。「あの時、手術をしていたら、きっともっと元気で長生きをしたでしょう」。母と父の墓はしばらく別々の場所にあったが、一緒に火葬し、灰は自宅から少し離れた山にまいた。

取材が一段落すると、少し疲れた様子を見せながらも、ほっと表情を緩めた。「それにしても、あの頃から随分と時間がたちましたね」。その言葉に、語り尽くせぬ75年の記憶の重みを感じた。

祖国からも「捨てられた」

「野村旻水」。松代大本営地下壕の朝鮮人元労働者の名簿によると当時15歳。同地下壕建設中は、両親ときょうだいの一家6人で松代に暮らした。存命ならば89歳。詳しい話が聞けるかもしれないと19年12月、本籍地の韓国慶尚南道咸陽《ハミャン》郡を訪ねた。

山あいの集落。本籍地の建物には他人が住んでいたが、近くで親戚の李龍浩《イヨンホ》さん（82）に会うことができた。祖国に戻った野村旻水こと「李旻水《イミンス》」は、二十歳前後の若さで亡くなっていた。

名簿には弟の「正光」の名前がある。龍浩さんから連絡先を聞き、事情を聞こうと現住所の大邱《テグ》を訪ねた。

特殊部隊に所属していた29歳の李長河さん（右上）と家族の写真

「幼くて知らなかったが、帰ってくる時にそこが長野だったと父から聞きました」

　大邱市内の喫茶店で落ち合った「野村正光」こと李長河《イヂャンハ》さん（78）は日本で生まれた。松代での暮らしについて話題を振ると、「寒くてね、畳の部屋に置いたしちりんにみんな集まった」と懐かしそうに語り始めた。

　父親は夜勤で朝方に真っ黒になって帰ってきたこともあった。「ダイナマイトについて、隣の人と話していたのも聞いた」。母親は農家を手伝い生活の足しにした――。終戦時はまだ3歳。語りには実体験と両親からの伝聞が混在しているような印象も受けた。

　松代で一緒に暮らした「旻水」について聞くと、「兄は賢く、漢字も分かったから自慢だった。10歳も離れていたから父親みたいな感じだった」。その兄は1950（昭和25）年に開戦した朝鮮戦争の犠牲となった。

　日本から戻った故郷の咸陽郡は朝鮮戦争中、避難民であふれ、その中に北朝鮮軍の「残党」が潜んでいた。彼らと接触した兄は、仲間になるよう誘いを受けた。最後は拒否して牛小屋に隠れたが、警察に見つかった。

北朝鮮との関係を疑われ、連行された。

送られた先は半島南端の島「巨済島《コヂェド》」。当時、朝鮮戦争のために大規模な捕虜収容所が造られていた。長河さんは「収容所では殺されることもあったと聞いた。兄はそこで亡くなり、遺体も引き取れなかった」。そこまで話し、たまらず目元を拭った。

兄の話を終え、長河さんは1枚の白黒写真を見せた。20代後半の自分と妻、戦後生まれの妹と幼い長男。長河さんは軍人のような装いだ。「昔、秘密部隊にいた。金のためにいろいろ悪いことをした」。沈痛な表情を浮かべたが、それ以上は言葉を濁した。


長河さんの最後の言葉が気になり、年が明けて1月に再訪した。すると、長河さんは覚悟を決めたように当時の体験を語り始めた。

68年1月、北朝鮮の工作員が38度線を越えて韓国の大統領官邸「青瓦台《チョンワデ》」に侵入を図った。朴正熙《パクチョンヒ》大統領の暗殺は未遂に終わったが、事件は韓国に衝撃を与え、北朝鮮の情報を収集する特殊部隊がつくられることになった。

多額の報酬に加え、老後まで生活の責任を持つとの触れ込み。当時、釜山の製菓工場に勤務していたが、幼子を抱えて生活が苦しかった長河さんは隊員の募集に応じた。

部隊で待っていたのは、北朝鮮の軍事施設の爆破や敵の拉致、殺害をいとわない危険な任務だった。4年近く家族と連絡を取れず、仲間8人のうち生き残ったのは自分を含め3人だけだった。

解任後、国から15年も監視を受けた。元隊員は就職しても素性を明かされて解雇されたり、事件が起きると真っ先に疑われたりしたという。30年以上たって受けられることになった国の補償は、正規補償の2割にとどまった。

「命を懸けたのに、使うだけ使って捨てられた」。隊員の補償問題は2003年に韓国で浮上。長河さんらは十分な補償を嘆願しているが、国は今も受け入れていない。

日本の植民地支配は戦後、朝鮮半島に政治的空白を生み、東西冷戦を背景に同じ民族が殺し合った。日本がその戦争の特需に沸く中、松代から祖国に戻った人々の記憶は、血みどろの体験で重ね塗りされていた。

太平洋戦争開戦の4日後に生まれ、日本のみならず祖国や大国に人生を翻弄《ほんろう》されてきた長河さん。「今も自分の人生を探している」と語った。

渡日の背景　個々で複雑に

「父は強制動員されないよう、たんすの中に隠れた。牛を売った金を日本人に賄賂として渡したこともあった」

19年11月、韓国慶尚南道昌寧《チャンニョン》郡霊山《ヨンサン》面で出会った河《ハ》栄俊《ヨンヂュン》さん（67）は、記者にこう語った。松代大本営地下壕工事の朝鮮人元労働者の名簿には、この地域が本籍地の9人の名前がある。動員[*11]を逃れた河さんの父親も、ともすると、そこに名前が載ることになっていたかもしれない。

「（労働者を）捜しに来た日本人は、地域の実情を知る案内人役の朝鮮人と一緒だった。何度も来た」。父親は50年近く前に亡くなり、10年ほど前まで存命だった母親から何度も聞かされた話という。「最初は金をもらえると言われて出稼ぎ感覚だったが、そのうち仕事が過酷だといううわさが広まると避けるようになった。だけど、嫌がっても連れていかれた人もいた」。それが、河さんが母親から受け継いだ記憶と解釈だ。

2日後、陜川《ハプチョン》郡で名簿の生存者を捜す取材に協力してくれた韓国原爆被害者協会陜川支部長の沈鎮泰《シンジンテ》さん（78）はこう語った。「村の動員人数が決められ、くじ引きで選んだ。裕福な家の人が当たると貧しい人に米を渡し、代わりに行ってもらう場合が多かった」。地元のさまざまな人から聞いた記憶のようだ。

生存者を捜す取材に協力してくれた沈鎮泰さん（右）

「野郎ども（村役人たち）が来て、有無を言わさず家から連行された」

「船から降りたら貨物列車に詰め込まれて外から錠をかけられた。まるで囚人だ」

1945（昭和20）年に昌寧郡から松代へ強制連行されたと語った金昌箕《キムチャンギ》さん（故人）の証言だ。92年、研究者の原山茂夫さん（91）＝長野市＝が韓国で聞き取った。

松代大本営地下壕の工事を巡り、動員の経緯を具体的に明らかにした証言は、ごく限られる。だが、慰安婦問題をはじめ日本の植民地支配を巡る責任が問われるようになった90年代以降、松代に限らず注目されたのは、朝鮮人労働者が物理的に強制されて連れてこられたという点だった。

記者も同地下壕工事の朝鮮人元労働者の名簿を基にした今回の取材では、「強制連行」を体験した人々の記憶に出合うと思っていた。だが、予想に反して、取材した生存者や遺族からは、そうした直接的な強制を受けたという話を聞くことは少なかった。

生存者や遺族が当時幼く、祖父母や親がつらい記憶を伝えなかった可能性はある。さらにもう一つ仮説がある。名簿を分析している東京大の外村《との むら》大《まさる》教授（日本近現代史）は「動員された労働者が多数残っている状態は危険とされた。そのため徴用者は先に帰り、その後、自主渡航者がまとまって帰ったとの考えは十分あり得る」と言う。

朝鮮人の帰国に当たり警察署などが作成したとみられる名簿は、終戦から1カ月近くたった日付が載っている。この段階では既に、強制的に動員された人たちは先に帰国の途に就いていた可能性もある。

一方、取材で出会った人々の証言からは、動員の多様な側面が浮かび上がった。

裕福な朝鮮人と貧しい朝鮮人の格差、貧困による出稼ぎ、賄賂や身代わりによる徴用逃れ、朝鮮人の協力者の存在……。そこには、日本に「無理矢理引っ張ってこられた」か「自発的に出稼ぎに来た」かのどちらか一方だけに偏った見方では捉えられない、植民地支配を背景にした複雑な事情が個々にあったことも垣間見えた。

そして、その記憶を今に受け継ぐ子孫たちの受け止めもまたさまざまだった。強制か否か。慰安婦や元徴用工問題を巡り、政治と外交の舞台で勝ち負けを争うかのようなせめぎ合いが今日まで続く日本と韓国。だが、ともに結論ありきの主張を置いて、その視点を広く人々の個々の記憶へと向ければ、互いの体験により深く寄り添い、両者が近づくヒントをつかめるかもしれない――。

どこか信州を思わせる、慶尚南道の丘陵地帯の風景を眺めながら、そんなことを考えた。

壁に落書き「相天」の故郷を訪ねて

「密城」「相天」――。

長野市の松代大本営地下壕の三つの地下壕のうち最長の「象山地下壕」(5・8キロ)には、20メートルごとに掘られた20本の坑(穴)がある。その9本目の坑の岩盤に黒字で書かれた四つの文字。*12「相天」のすぐ右上の「密城」は、韓国慶尚南道の密陽《ミリャン》市の古い名前を記したものと考えられてきた。「相天」が何を指すのかは長く分からなかった。

文字は地下壕の非公開区間にあり、現地ガイドはこの「落書き」の写真を見学者に示して、朝鮮人労働者が動員された痕跡の一つと説明してきた。18年、同地下壕工事の朝鮮人元労働者名簿に、この「密城相天」が創氏改名後の氏名として記載されていることが分かった。

名簿によると、密城相天は慶尚南道固城《コソン》郡出身の27歳。隣には17歳の「未順」や、同じ密城姓の「基元」を筆頭とする5人家族の名前がある。創氏改名ではゆかりの地名を姓にする人も多くいた。名簿により地名から人名となった密城相天。彼がどんな人物だったのか知りたいと思い、19年12月、故郷を訪ねた。

韓国には現在も、密陽市を発祥の地とする「密城朴《パク》氏」を名乗る一族がいる。このことから創氏前の姓は「朴」ではないかと当たりを付けた。名簿に記された本籍地は、朝鮮半島最南端のひなびた集落だった。野良仕事をしていた高齢女性に声を掛けた。

「朴さんなら、あの青い屋根の家がそうだよ」。訪ねてみると表札に「朴相在《パクサンヂェ》」とある。「相」の字に期待

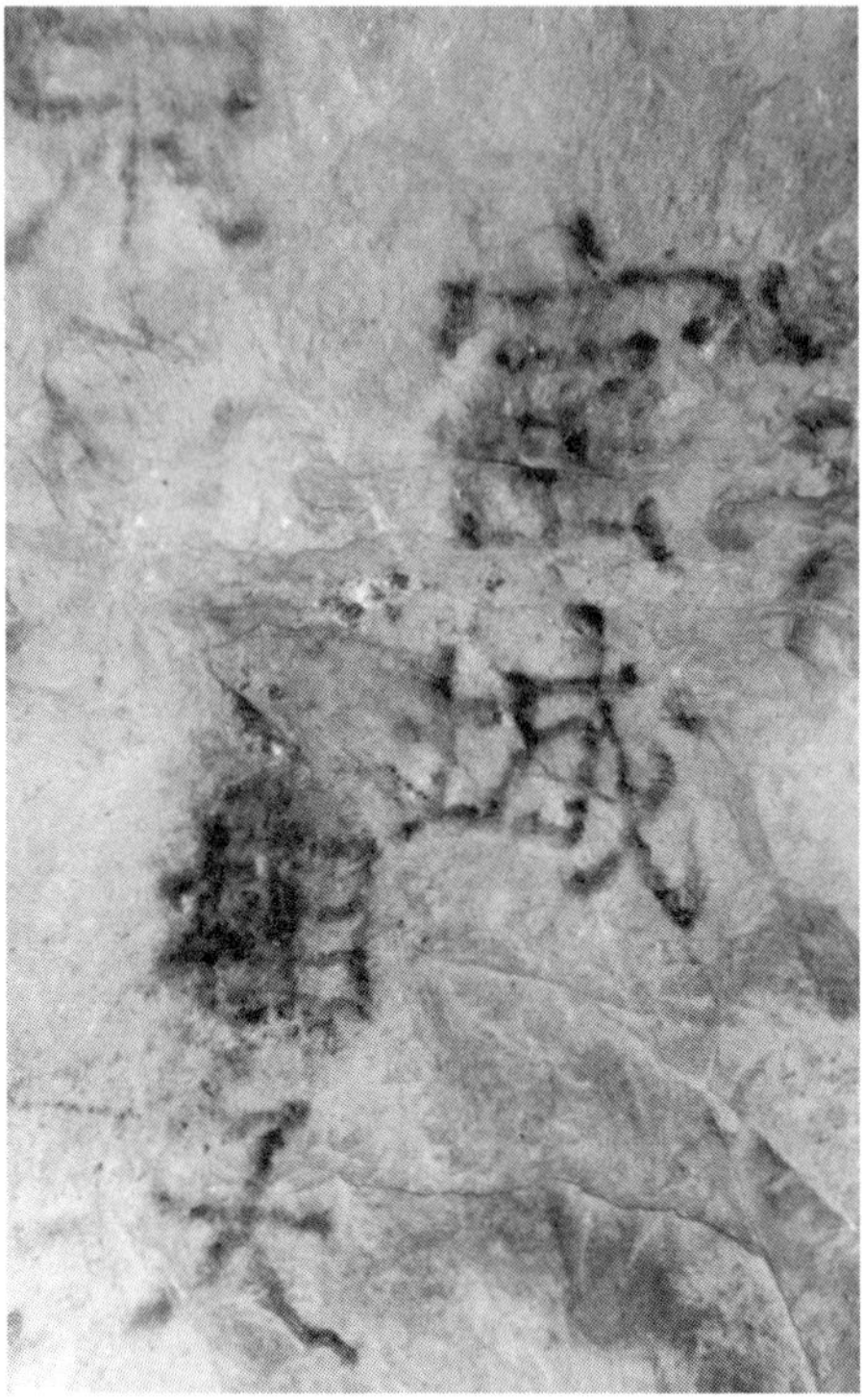

松代大本営地下壕の非公開部分の壁に記された「密城」「相天」の文字

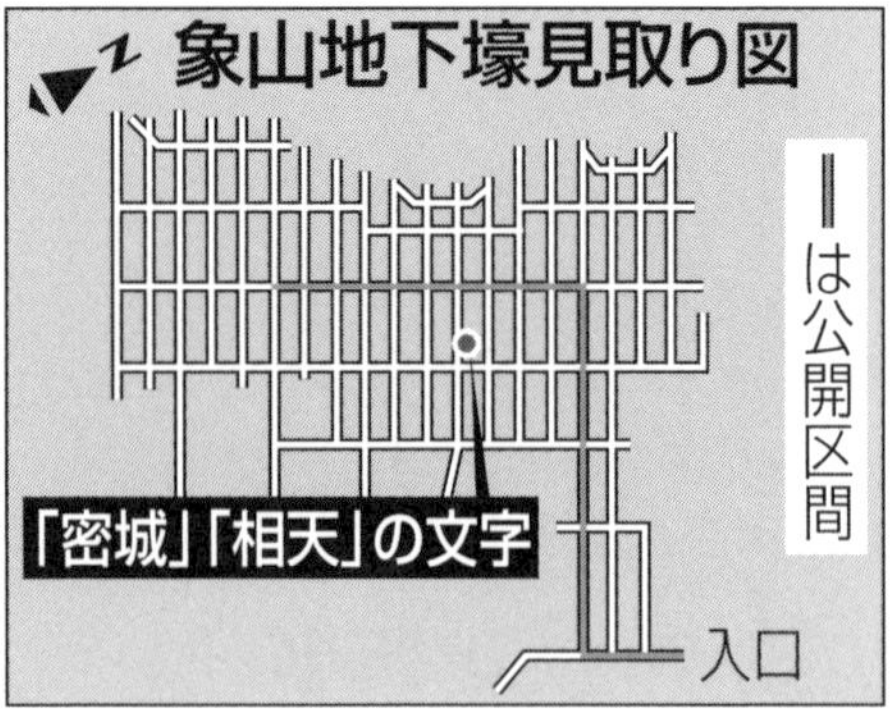

が高まる。屋外でかまどにまきをくべていた相在さんの妻アン・トゥルナムさん（82）に尋ねると「相天《サンチョン》だって？」と驚いた声。「知ってるよ。親戚だから」

外出中の相在さん（86）を呼んでくれ、牛小屋に隣接した部屋に通された。相在さんは相天と祖父が兄弟のはとこに当たり、同じ世代の親戚として名前に「相」の文字を共有しているようだ。自身も日本統治時代は「密城」を名乗っていたという。

「相天は生活が苦しく、日本には出稼ぎで行った」。日本のどこで、どのような仕事をしていたかは知らなかったという。終戦後も日本に残り、名簿の隣に記載がある13歳上の兄基元《キウォン》が連れて帰ってきた。だが、「自分には農家はできないと言ってまた日本へ行った。そして、やはりもう一度帰ってこいと兄に言われて帰ってきた」。

「相天は酒をたくさん飲んでは妻に手を上げた。妻は逃げ回っていたよ」とアンさん。殴る手ぶりをしながら眉をひそめた。名簿で相天の隣にある「未順」が妻だったのかは確認できなかった。「夫婦で一緒に長くは住めなかったし、子どももいなかった」という。

相在さんの記憶では、相天はその後、宗教に帰依。山岳信仰で知られる韓国南部の「智異山《チリサン》」にこもり、40、50代で亡くなった。「連絡を受けた戦後生まれのおいが亡きがらを引き取って火葬した。灰はどこかにまいたので墓はない」と話した。

地下壕内の「密城」「相天」の写真が掲載された資料を見せると、アンさんは仰天した様子で「アイゴー（ああ）」と声を上げた。「自分の名前を残していったんだ。この頃はまだまともな人間だったのかな。帰ってきてから大変だったから」と振り返った。

相在さんによると、名簿に当時6歳と記載がある基元さんの長男で、相天のおいに当たるとみられる人物がソウルに住んでいるものの、連絡を取っていないとのことだった。亡きがらを引き取った戦後生まれのおいも既に亡くなり、相天の記憶を継ぐ親族は他にいなくなっていた。

親戚への取材では、密城相天こと朴相天について良い評判を聞くことはできなかった。ただ、彼の実在を確認し、その人物像の断片を知ることで、個々の人生や松代大本営の歴史の輪郭がわずかながらはっきりと浮かんできたようにも思えた。写真も墓もない彼の故郷の風景を目に焼き付け、固城郡を後にした。

形を失う　証言集めた思い

「父が昔、日本人のインタビューを受けたことがある」

19年12月、韓国慶尚南道昌寧《チャンニョン》郡で、松代大本営地下壕の朝鮮人元労働者の名簿に基づき生存者を捜していた記者は、訪問先の金仁秀《キムインス》さん（70）から思いがけない言葉を耳にした。仁秀さんは名簿に記載された「金本用出」こと「金用出《ヨンチュル》」の親戚。用出が松代にいた頃のことは知らなかったが、代わりに戦時中に富士山麓で行われた工事に動員された自分の父三正《サムヂョン》さんの話をしてくれた時だった。

１９９０年代以降、韓国で三正さんら戦時中に日本に動員された人々の証言に耳を傾けた日本人がいた。

長野市の原山茂夫さん（91）だ。

中学校の社会科教員で、県教職員組合執行委員長も務めた原山さんは70年代、教育活動の一環で松代大本営地下壕に入ったのをきっかけに調査を始めた。文献史料が乏しい中、朝鮮人の労働実態に迫るために、関係者の生の証言を集める必要があると考えた。

日本国内に残った朝鮮人元労働者らで話が聞けたのは、戦後も松代に暮らした崔小岩《チェソアム》さん（故人）ら数人に限られた。原山さんは退職後、韓国に渡り、松代の元労働者たちを捜し歩いた。

一方、地下壕を巡ってはこの頃、飯場（作業員宿舎）の近くにあった「慰安所」の復元運動をきっかけに、県内外の市民団体が朝鮮人労働者の強制連行・労働ばかりに力点を置いている——として地元住民たちが反発し、あつれきが生じた。95年に地下壕入り口に「朝鮮人犠牲者追悼平和祈念碑」を建てた「追悼碑を守る会」の事務局長だった原山さんもその渦中にあった。

地下壕工事には日本人も動員され、住民も立ち退きを強いられた。そうした面を顧みず、朝鮮人への加害責任のみ強調する市民団体の平和運動に向けられた違和感。そして、その被害も誇大に伝えられているとの批判もあった。住民の訴えを前に、市民団体の活動は岐路に立たされた。

「昌寧郡から日本国内に動員された550人の名簿です」。2020年1月、記者は元同郡職員の河康敦《ハカンドン》さん（71）を訪ねた。河さんが差し出した分厚い紙の束は、韓国政府が65年の日韓基本条約締結を前に、全国の自治体に調査させてまとめた被徴用者名簿。原山さんは2000年、この名簿に基づき生存者を捜した。

河さんも当時、協力を求められて調査に同行した。

1カ月半で見つかった被徴用者は約60人。ただ、このうち松代に動員されたと証言したのは鄭厳秀《チョンオムス》さん（故人）一人だけだった。1945（昭和20）年に22歳で動員された鄭さんは、「郡役所の兵務係が夜、突然家に来てトラックに乗せられた」と連行の経緯を証言。一方、地下壕で出た石くずを運び出す労働は1日8時間で、「労働の後は自由に町へも行け、飯も腹いっぱい食べられた」と語った。

90年代から続けてきた聞き取りでは他にも、強制連行されて松代で事故で亡くなった労働者の遺族や、出稼ぎで日本に渡り、松代での稼ぎは良かったと語る元労働者とも会った。朝鮮人と地域住民ら計35人の証言をまとめた原山さん編著の「岩陰の語り」[*13]（01年刊）は、朝鮮人が受けた苦痛のみならず、労働者間の待遇格差や住民らの苦難、労働者と住民のさまざまな摩擦や交流を浮かび上がらせた。

06年8月、原山さんは、松代の地元住民でつくる団体の副会長で、工兵として地下壕工事にも携わった吉田栄一さん（10年死去）を訪ねた。住民に当時見聞きしたことを語ってもらい、市民団体と認識を共有する場を設けようと提案。両者で実行委員会がつくられ、同年11月、地域住民が参加して工事の記憶を「語る集い」が実現した。


原山さんはいま、長野市内の高齢者向け住宅で暮らしている。改めて取材を申し込もうとしたが、家族によると、この1年で認知症の症状が進行し、「地下壕の話はしなくなった」という。

一人一人から丹念に証言を得て見えてきた地下壕の多面的な実像を伝えたい――。原山さんの聞き取りから20年を経て、韓国で証言を集めた記者もそう思うようになった。だが、地下壕を巡る記憶は当事者のみならず、発掘し、後世に伝えようとした人々のものさえも形を失いつつある。

壕の闇　よみがえる父の姿

「この前、話したことが全てだよ」

2020年1月17日、約2カ月ぶりに慶尚北道清道《チョンド》郡の韓月宣《ハンウォルソン》さん（81）の自宅を訪ねた。松代大本営地下壕の朝鮮人元労働者の名簿と戸籍調査史料を頼りに韓国を巡った今回の取材で、初めて出会った当時の生存者。耳も遠く目もかすみ、19年11月の訪問の際は、当時6歳の松代の記憶はわずかしかたどれなかった。

「どうしてこんなちょくちょく来るの？」。自宅リビングで好きな歌番組を見ようとしていたのを邪魔してしまったようだ。突然の再訪をわびつつ、父親の小徳《ソドク》さんら家族と過ごした松代での生活についてもう一度、尋ねてみた。「（松代では）自分はいつも部屋に一人でいたから何も知らない」。やはり、当時のことはあまり思い出せないといい、話を早く切り上げたがっているようにも見えた。

記憶を引き出すきっかけがあれば――。記者は、戦中戦後の地下壕の写真を収めた「図録松代大本営」（1987年刊）を開いた。壕内のごつごつとした岩壁の先に暗闇が広がる写真。「6、7千人の朝鮮人が働いたと言われ、月宣さんの父もその一人かもしれません」と言葉を付け加えた。

写真をじっと眺め、やがて遠い目つきになる月宣さん。「そう言えば、父が頭にライトを付けて帰ってきた時があった。こういう暗い中で働いたのかな」「船に乗る時、隣のおじさんが洞窟で仕事をしたと話すのも聞いた」と、納得したようにうなずいた。

「仕事着で家に帰ってきた」「食事時もあまり帰ってこなかった気がする」。最初の取材では「山の木を切って運搬する監督をしていた」とだけ語った父小徳さんの記憶が、一つ一つよみがえる。

そして、戦後に祖国に帰った小徳さんが、夜に激しくせき込む姿を思い出した。母が栄養を付けさせようとコーリャン入りのおかゆを食べさせる光景とともに。「こんな所で働いていたから、そうだったのかな」とつぶやいた。

せきの原因が、地下壕工事で出た粉じんだったかは、今となっては定かではない。ただ、地下壕内は発破やズリ（岩石）の運び出しで粉じんが舞い上がり、肺を冒された人もいたとされる。

53歳で早世した小徳さんを「おとなしくて、いい人だったよ」と振り返る月宣さんは、何度もうなずきながら眼鏡を外して目を拭った。「こんな危ないことは、もうなくさないといけないね」。これまで淡々と取材に応じていた月宣さんが、初めて記者に見せた表情だった。

２０１８年春、長野市松代町清野の小林とし子さん（60）は思い迷っていた。手元には戦前からある自宅の古い土蔵を片付けていて見つけた、６冊の手帳があった。

手帳は古い木箱に収められ、30年近く前に91歳で亡くなった祖父の池田俊雄さんの名前が書かれていた。松代大本営地下壕の工事が行われていた45（昭和20）年２月、池田さんが清野村（現長野市松代町清野）に暮らしていた朝鮮人の戸籍を調査した内容が記録されていた。

戸籍調査は朝鮮人の徴兵に向けて全国一斉に行われた。調査員だった池田さんがなぜ土蔵に保管していたのかは分からない。「今さら要らないだろう」。小林さんは風呂を沸かすたき付けにしてしまおうと2度ほど手を伸ばしたものの、なんとなく思いとどまっていた。

手帳を開くと、朝鮮人166人の名前や本籍地、職業が並び、幼い子どもがいたことも分かる。「燃やしてしまったら、この人たちの存在が消えてしまう」。同年秋、小林さんは手帳を県歴史教育者協議会副会長の飯島春光さん（67）＝長野県千曲市＝に託した。[*14]

19年1月にこの戸籍調査史料が見つかったことを記事にした記者は、この史料を基に取材を進め、韓月宣さんら生存者に会うことができた。

20年2月、記者が手帳に記された生存者の証言や近況を伝えると、小林さんは「やはりここに生きていたんだ。当時、子ども心に感じたことを少しでも思い出してもらえたならうれしい」と語った。

「こういう事実があったことを、子孫に伝えていってほしい」。1月の取材でそう願った月宣さん。賠償や謝罪を望みはしなかった。だが、その気持ちの重みは今も記者の胸に残る。失われつつ

父親の記憶がよみがえり、涙を拭う韓月宣さん

ある松代の記憶。その扉をこれからどのように開けていけばいいのか、考え続けている。

＊1　**朝鮮人徴用工**　1937（昭和12）年に始まった日中戦争による労働力不足を補うため、日本が国策として植民地だった朝鮮半島や内地から動員した朝鮮人たち。企業が直接現地で募集する39年からの「自由募集」、行政機関を介した42年からの「官斡旋《あっせん》」、国民徴用令に基づき法的強制を伴う44年からの「徴用」の3段階がある。韓国ではいずれも「強制徴用者」と呼ばれる。動員された朝鮮人は炭坑や鉱山などで日本人より過酷な現場や役割を割り当てられ、賃金の未払いなどもあったとされる。日本政府は2018年、元徴用工裁判の原告はいずれも自由募集に応じたとし、「旧民間人徴用工」などとしてきた呼称を「旧朝鮮半島出身労働者」に改めた。ただ、自由募集や官斡旋の時期にも警察などが介在し、実質的に強制動員だったケースが多いとの指摘がある。

＊2　**ＮＰＯ法人松代大本営平和祈念館**　太平洋戦争末期、朝鮮人労働者が建設工事に動員された長野市の松代大本営地下壕の調査・研究や保存に取り組む市民団体。1986（昭和61）年に前身の「松代大本営の保存をすすめる会」が発足した。会員は約380人。全国から年間約6万人が訪れる象山地下壕のガイドを請け負うほか、研究者らによる学習会を開催。工事を知る住民への聞き取り調査も進める。壕見学者のために、関連資料を展示する平和祈念館の建設を目指している。

＊3　**創氏改名**　日本による朝鮮の植民地支配政策の一つ。1939（昭和14）年に関連法令を改正し、40年施行。朝鮮人の姓名を日本式の氏名に改めさせた。朝鮮人の男系同族に連なる姓の代わりに、日本の家を意識した氏を設けるのが創氏。全朝鮮人に義務付けられ、届けがない場合は従来の戸主の姓が自動的に「氏」として登録された。夫婦別姓を改め、日本の家制度の観念を植え付ける狙いもあった。事実上の強制で反発を招いたが、ほとんどの朝鮮人が従った。一方、名を日本式に変える改名は任意だったが、強要もあったとされる。日本の敗戦で廃止され、本名に戻ったが、在日朝鮮人の中には民族差別などから今もこの時つくられた名を名乗る人もいる。

＊4　**皇民化政策**　日本が植民地や占領地の人々を天皇に忠義を尽くす「臣民」として戦時動員体制に組み込むことを目指した政策。朝鮮以外にも台湾や沖縄で実施された。朝鮮では1937（昭和12）年の日中戦争以降、「内鮮一体」のスローガンの下に日本語の使用や神社参拝、創氏改名などを実施した。学校現場では「皇国臣民の誓詞」の斉唱を毎日行い、朝鮮語教育を実質廃止して日本と同じ教科書を使い、日本語教育を徹底した。一方、朝鮮半島の就学率や識字率は低い水準にあり、厳然とした差別があった。

＊5　**松代大本営地下壕の工事**　工事には出稼ぎに来たり、徴用されたりした朝鮮人計約6千~7千人が動員されたとされる。清野村（現長野市松代町清野）の朝鮮人戸籍調査史料によると、秋田や愛知、木曽など日本各地の鉱山などで働いた経験者も集められた可能性が高い。象山、舞鶴山、皆神山の周辺に飯場（作業員宿舎）が設けられ、家族持ちが暮らした長屋や、単身者用の半地下式の「三角兵舎」計300棟余が立ち並んだ。削岩機やダイナマイトにより出た「ズリ」（岩石）をつるはしで細かく砕き、トロッコで外に運び出した。掘削に携わり、戦後も松代に残って1991年に亡くなった崔小岩《チェソアム》さんらが証言を残している。

＊6　**松代大本営地下壕に関連した須坂の通信施設**　松代大本営地下壕の関連施設は善光寺平一帯に広がり、通信施設などの建設が進められた。上高井郡須坂町（現須坂市）の鎌田山《かんだやま》と臥竜山には、トンネル構造の送信施設が計画された。鎌田山は1945（昭和20）年3月に工事命令が出され、日本の部隊や朝鮮人の労働者が動員された。2018年に存在が分かった朝鮮人元労働者の名簿には「運輸省松代建設隊須坂作業隊」として524人の名前があり、ほとんどが家族連れだった。鎌田山には3本の壕が掘削され、終戦時には7割まで終了。45年6月に工事命令が出された臥竜山は本工事まで至らなかった。

＊7　**松代大本営地下壕工事の事故**　松代大本営地下壕の建設工事では、ダイナマイトの誤爆や落盤事故などで多数の死傷者が出たとされるが、詳しい人数は分かっていない。死者数は十数人から数百人と幅があり、慶尚南道昌寧《チャンニョン》郡から連行された朴道三《パクトサム》、金快述《キムケスル》、釜山出身の趙徳秀《チョウトクス》が舞鶴山地下壕で起きた事故で亡くなったことが分かっている。けが人などのほかにも、栄養失調で死んだ人や自殺者もいたとの証言もある。体調を崩しても病院に連れて行ってもらえず、受診できても多くが入院できなかったとされる。

＊8　**松代の朝鮮人名簿に記載された子どもたち**　太平洋戦争中、長野市の松代大本営地下壕など県内の労働現場に動員された朝鮮人とその家族約２６００人の名簿には、多くの子どもが含まれる。工事に動員されたとみられる本人や家族のうち、15歳以下の子どもは７８０人。うち７７９人は家族連れで、内訳は１～５歳が３６１人、６～10歳が２５８人、11～15歳が１６０人。単身者とみられる７７６人の中にも15歳以下が１人いた。幼い頃に家族とともに日本に渡った人のほか、松代で生まれた子どももいる。

＊9　**朝鮮半島の解放**　昭和天皇が玉音放送で日本の敗戦を伝えた8月15日は、韓国では「祖国と主権の回復」を意味する「光復節」と呼ばれ、植民地支配からの解放を記念する祝日となっている。北朝鮮では「解放記念日」と呼ぶ。日本国内にいた朝鮮人約２００万人のうち、約１４０万人が間もなく祖国に帰った。植民地時代の朝鮮人は日本国民とされたが、１９４７（昭和22）年の外国人登録令により朝鮮人を外国人とし、在日朝鮮人は朝鮮籍で登録された。52年のサンフランシスコ講和条約発効により、日本が朝鮮に対する権利を全て放棄したことに伴い、日本国籍を失った。

＊10　**朝鮮戦争**　日本の敗戦で植民地支配から解放された朝鮮半島で１９５０年６月25日、38度線を境に成立した韓国と北朝鮮が武力衝突した。米軍を中心とした国連軍が韓国、中国人民義勇軍が北朝鮮をそれぞれを支援。韓国軍は当初、半島南端の釜山《プサン》近くまで押され、慶尚南道の昌寧《チャンニョン》郡なども激戦地となった。戦線は一進一退の末に膠着《こうちゃく》。53年７月に休戦協定が成立し、38度線に沿って軍事境界線が引かれた。死者は約３００万人に上り、数百万人が一時難民となった。日本は米軍が必要とする大量の物資の補給を担うことで好景気の恩恵を受けたほか、自衛隊につながる警察予備隊を設け、再軍備を開始した。

＊11　**朝鮮人労務動員の経過**　日中戦争の長期化に伴う労働力不足を背景に、１９３９（昭和14）年から45年８月の終戦まで、政府が毎年策定した労務動員計画や国民動員計画を基に実施した。初年度の39年度は８万５０００人分を計画したが、準備不足のため実際に行われた動員は３万８７００人（充足率45・５％）にとどまった。40年度は警察や行政職員らが積極的に協力し、５万４９４４人（同62・４％）が渡日。太平洋戦争開戦後の42、43年度はそれぞれ11万～12万人規模の動員が行われ、44年度は29万人の動員を計画、徴用が本格化した。終戦時に

は日本本土に約２００万人の朝鮮人がいた。

＊12　**松代大本営地下壕に残る文字や絵**　松代大本営地下壕の象山地下壕内の壁には約20カ所に文字や絵が残されている。「密城」「相天」のほか、韓国の地名にある「大邱《テグ》」や、「鶴来町■田組（■は判別困難）」「不発弾」、工事用のメモとみられる「16号洞３・10始」、帽子をかぶった人の顔に見える絵などがある。「天皇制護持」「戦争責任追求」などは戦後に書かれたとみられる。舞鶴山地下壕にもハングルや、「岩村昌烈」「断ジテ勝ツ一兵ヨク万人ヲ撃ツ勝利ノ為ニハ身ハ殉ズトモ惜ナシ日本」などの書き込みがある。これらは壕内で使用したカンテラのすすで書かれたと考えられている。

＊13　**松代大本営を扱った出版物**　松代大本営地下壕をテーマに、研究者や作家、ジャーナリスト、動員者の家族らがさまざまな出版物を残している。１９６５（昭和40）年に在日の朝鮮近現代史研究者、朴慶植《パクキョンシク》さんが「朝鮮人強制連行の記録」を発刊。続いて長野市の児童文学作家、和田登さんのノンフィクション「悲しみの砦《とりで》」（77年）や創作児童文学「キムの十字架」（83年）が反響を呼んだ。作家の林えいだいさんは「松代地下大本営証言が明かす朝鮮人強制労働の記録」（92年）、市民団体「松代大本営の保存をすすめる会」会長の青木孝寿さんは「松代大本営歴史の証言」（92年）を上梓。２００５年には、地元住民たちの証言集「松代でなにがあったか！」が出版されている。

＊14　**松代大本営地下壕の保存を巡る動き**　１９５０年代から韓国人研究者や信州大生、県内の社会科の教員らが地下壕に関する調査を進めた。85年、長野市の篠ノ井旭高校（現長野俊英高）の郷土研究班が地下壕保存を市長に要望。86年に市民団体「松代大本営の保存をすすめる会」が発足し、88年には市の「松代象山地下壕検討会」も史跡保存などを提言した。市は89年に象山地下壕の約70メートル、90年から現在の約５００メートル区間を公開。「平和な世界を後世に語り継ぐ上での貴重な戦争遺跡」と位置付ける一方、国や市による文化財指定は進んでいない。天皇皇后の御座所が残る舞鶴山地下壕は、２０１６年の気象庁松代地震観測所の無人化に伴い、市が保存、公開を検討している。

当事者の声　盛り込めず

元高麗大韓国史研究所・研究教授　曺健《チョゴン》さん

２０１８年に存在が確認された松代大本営地下壕の建設工事に動員された朝鮮人元労働者の名簿について、学術的に分析した報告書がこのほど、韓国国内で刊行された。11年の報告書「日本地域の地下壕に関する真相調査―松代大本営地下壕を中心にして」の改訂版に当たる内容。執筆した高麗大韓国史研究所の曺健研究教授＝韓国近代史＝に、新たな報告書の内容や意図について聞いた。

―11年の報告書を改訂する目的は。

「前回の報告書は文献のみに基づいており、不足していた点も多かった。地下壕の朝鮮人元労働者と家族約２６００人の名簿が確認され、追加調査が必要となった。報告書に名簿の分析と現場の調査結果を盛り込むことにして、２０１９年９月に地下壕も訪ねた」

―地下壕を直接見て、どう感じたか。

「規模は考えていたより大きく、入った時に息苦しさを覚えた。日本の市民団体が数十年かけて多くの研究を進めていたことにも驚いた」

―生存者捜しもした。

「まだ生存者がいるなら、その声を内容に含めたいと思った。名簿が作られた１９４５年当時、10歳以下だった子どもたちの生存の可能性が高いとみて２０１９年11月、対象が最も多い慶尚北道醴泉《イェチョン》郡で調査した。だが、生存者を見つけることはできなかった」

―当事者の証言は盛り込まなくてよかったのか。

「調査時間が限られ、松代に限った継続的な研究はできない状況だ。韓国側の研究の限界であり、これからの課題だと考えている。一方、報告書とは別に、分析を深めて論文にまとめられるか検討している。韓国には松代に関する先行研究はなく、より学問的な観点から成果を出したい」

その中で被害に遭った人を見つけ出す作業もしたい。これまでの証言や、日本側の研究活動をまとめた書籍の出版も考えている」

—報告書が持つ意味や活用の仕方は。

「韓国政府が強制動員についての関連機関をつくる動きがあり、政府が調査を進める際に報告書は模範事例、重要な基盤になると考える」

—韓国での松代大本営地下壕の位置付けは。

「韓国では地下壕についての関心は高くなく、知られていない。私は動員の事実や被害について、重要性を強調しなければならない立場だ」

—11年の報告書によると、松代に動員されたとして被害を申請し、認定された人が7人いる。この中には「松代水力発電所の工事に携わった」と証言している人がいる。誤りではないか。

「記憶は変容し、事実と合わない証言は多い。証言者が文献より正確で具体的に記憶していることもあれば、あり得ないことと混同したまま記憶している場合もある。こういったことは特別ではない」

「ただ、この人が地下壕工事に動員された人ではないと断定もできない段階で被害認定から除外すれば、二度と認定されることはない。動員先が地下壕ではないと確実になった時点で除外しても遅くはない。なぜそう証言したのか、事実は何なのかを導き出すことが研究者の役割だ」

—当事者の高齢化で証言を得る機会は年々減っている。

「調査をするのが遅すぎたと思う。急がなければならない」

第3部

歴史は邪魔もの?

第3部では、若い世代の間で増える日韓の接点と、そこでしばしば波立つ歴史の問題に目を向ける。

「インスタにあげるね」。買い物途中に韓国の男性音楽グループ「BTS」の大型広告前で写真を撮る日本人の女性たち＝2020年2月、韓国・明洞駅

韓国の「いま」若者を魅了

横に並んだ5基の換気扇と、漂う焼き肉の香り。そんな大衆食堂の雰囲気とはミスマッチな男性アイドルの端正な顔、顔、顔――。

2020年2月24日、韓国ソウル市江南区《カンナム》にある「油井《ユジョン》食堂」。この日は、日本の外務省が新型コロナウイルスに関して、大邱《テグ》市と慶尚北道清道《チョンド》郡を除くソウルなど韓国全土に感染症危険情報レベル1（渡航注意）を発表する4日前だった。それでも店内は、地元の客に交じって若い日本人女性たちが入れ代わり立ち代わり訪れていた。

店は人気のK－POP男性グループ「BTS（防弾少年団）」のメンバーが、デビュー前の練習生時代から通ったファンにとっての「聖地」だ。メンバーのサイン入りポスターやファンが作ったシール、等身大のパネルなどが店内を埋め尽くす。

鹿児島県姶良《あいら》市から訪れたBTSの大ファンという四姉妹の四女で、短大2年砂川詠海《うたみ》さん（20）は「ステージパフォーマンスは圧倒的に格好良いのに、メンバーが自分の言葉で考えを話したり笑ったりしていて、日本のアイドルとは違う人間味を感じる」と熱っぽく魅力を語った。

BTSは18年、メンバーのジミンが原爆のきのこ雲と「解放」などの言葉がプリントされたTシャツを着用して問題となった。ジミンのファンという詠海さんは「本人も謝っているし、応援する気持ちに変わりはない」。今は自分も韓国語が少し分かるようになったといい、「彼らと同じ国にいられるなんて最高」と笑顔

ＢＴＳのメンバーが練習生時代に通ったという「油井食堂」。店内はポスターやシール、グッズで埋め尽くされており、鹿児島県から訪れた砂川詠海さん（右）ら四姉妹も記念撮影を楽しんでいた＝2020年２月、韓国ソウル市

を見せた。

日本では若い世代を中心に「第３次韓流ブーム」が続く。19年に韓国を訪れた日本人は、日本の輸出規制が強化されて関係が悪化した７月以降は伸び悩んだものの、前年比11％増の約３２７万人（暫定値、韓国観光公社発表）に上り、12年以来、７年ぶりに３００万人を超えた。

ドラマ「冬のソナタ」が人気を呼んだ03年ごろからの「第１次」、「東方神紀」「少女時代」がＮＨＫ紅白歌合戦に出場するなどＫ－ＰＯＰがけん引した10年ごろからの「第２次」と、ともに数年ずつの韓流ブームを経て、現在、日本の若者たちはインターネットを通じてＢＴＳや女性グループ「ＴＷＩＣＥ」の動画を気軽に楽しむ。映画やファッションなど、韓国の「いま」に触れるのも容易だ。

日韓の文化交流の契機となった1998年の「日韓パートナーシップ宣言」から22年。互いの文化に親しみ、理解し合う裾野は広がった。一方でこの間、慰安婦や元徴用工を巡る問題など、両国の歴史観の対立は、いっそう溝を深めたようにも見える。

20年2月4日、長野県松本市の松商学園高校。放課後の教室にアップテンポな曲が流れた。集まった生徒12人が口ずさむのは、やはりBTSの新曲だ。

生徒たちが所属する同校の「ハングル同好会」は10年、韓国のK－POP好きの生徒らが立ち上げた。韓国の文化を楽しみつつ、韓国語を学ぶ。顧問を務める同校の韓国人教諭、金正玉《キムジョンオク》さん（58）の発案で、11年からは同校と韓国・釜山《プサン》の釜慶《プギョン》高校との交流も本格的に始まった。

韓国にホームステイする生徒には、日韓の間で過去に起きた大まかな出来事は伝える金さん。ただ、「歴史」を教えることには慎重だ。

12年5月、在日韓国人2世で政治学者の姜尚中《カンサンジュン》さん（69）＝長野県軽井沢町＝を交えて松本市で開いた懇親会。姜さんに質問しようとした同好会の女子生徒が突然、泣きだした。懇親会後、金さんが理由を聞くと、かねて韓国に行きたいと思っていた生徒は周囲の大人から反対されているといい、「自分はただ韓国が好きなのに、分かってもらえない」。姜さんにそう打ち明けようとしたのだった。

当時、第2次韓流ブームはピークを過ぎ、11年12月には元慰安婦らを支援してきた韓国の団体が、ソウルの日本大使館前に少女像を設置。韓国の李明博《イミョンバク》大統領が慰安婦問題の解決を日本側に求め、野田佳彦首相が決着済みとの姿勢を示すなど、日韓の間で歴史問題が再燃していた。

金さんは生徒が大人から歴史を「押しつけ」られ、負担に感じている——と思った。韓国の人々に憧れを抱いたり、互いに友情を築いたりしている若者たちにとって、歴史は「邪魔もの」なのだろうか。

K－POP「憧れの世界」

白と青のワンピースに身を包み、スポットライトを全身に浴びる。軽快なポップソングを熱唱する舞台の少女たちは、指でハートマークをつくって屈託のない笑顔を浮かべたかと思えば、一転して挑発的な視線を投げ掛ける。約100人が集まった客席に、ペンライトの光が揺れた。

大きなリボンを着け、充実した表情を浮かべた長野県池田町出身の鈴木希夏《ののか》さん（16）。都内にある「東京スクールオブミュージック＆ダンス専門学校」（TSM）の「K－POPコース」で歌とダンスを学んでいる。20年2月11日、同校で開いた生徒らによるライブに出演し、二つのユニットと出演者全員に交じって計3曲を披露した。

両親の勧めで5歳の時にダンスを始めた。歌い踊るパフォーマーを目指すことになったきっかけは、K－POPとの出合いだった。

松本市のダンス教室でジャズやヒップホップ、タップダンスなどに挑戦してきた鈴木さんは、音楽に合わせて体を動かす楽しさに魅了された。本格的なダンスを見せる日本人の女性グループ「Ｅ－ｇｉｒｌｓ」のファンだった。

高瀬中学校（池田町）1年の時、友人から教えてもらった韓国の男性グループ「ＢＴＳ（防弾少年団）」をインターネットの動画配信で見て、衝撃を受けた。ダンスは「バキバキ」（きれがある）、それでいて生歌の声は全くぶれがない。「こんなアーティスト、日本にはいない」

女性グループで日本人メンバーもいる「ＴＷＩＣＥ」や、「ＢＬＡＣＫＰＩＮＫ」など、Ｋ－ＰＯＰアーティストたちが創り出す洗練された音楽と映像に夢中になった。ダンス教室の先生に誘われ、韓国の人気男性グループ「ＳＨＩＮｅｅ（シャイニー）」のメンバー、テミンさんのソロライブにも足を運んだ。

広大なステージで大歓声を一身に受けるテミンさん。激しいダンスを伴う曲から、しっとりと聴かせるバラードまで、一瞬も目が離せなかった。2日間で2万8千人を動員した日本武道館（東京）の客席で、鈴木さんは「私も舞台で輝きたい」と思った。19年4月、Ｋ－ＰＯＰコースのあるＴＳＭに入学した。

Ｋ－ＰＯＰの育成を経済成長のための国家戦略に位置付け、欧米からアジアまで世界に多様なアイドルやアーティストのコンテンツを輸出する韓国。競争の中で磨かれた圧倒的な歌唱力やダンス技術に引かれ、韓国でのデビューを志す日本の若者は多い。

１９８８（昭和63）年に開校し、歌手やタレント、声優などを養成してきたＴＳＭは18年、中学卒業後の生徒が進学する3年制の「高等課程」に「Ｋ－ＰＯＰコース」を新設した。1年目に8人だった新入生は

2年目に23人となり、20年度は同校の募集定員の半数を占める40人が加わる。一方、日本で活動を目指す「J－POPコース」の同年度の希望者はゼロだ。

校内では韓国の芸能事務所によるオーディションもあり、突破した生徒は練習生として渡韓するが、デビューまでの道のりは険しい。TSMで歌や踊りを本格的に学び始めて間もなく1年を迎える鈴木さんも、オーディションに5回以上挑戦を続けている。

経験豊富なダンスと比べて、歌に自信を持てない場面が多かった。校内でつくるアイドルユニットでは、注目が集まるセンターを勝ち取れず、悩むこともあった。

だが、同じ目標を持つ仲間たちと、ステージを一緒につくっていくことに大きなやりがいを感じられるようになった。「今は韓国にこだわらず、日本で活動することも考えるようになった」と言う。

「自分のカラーを探しているところ。ダンスと歌で生きていきたい」。夢に向かって一歩を踏み出すきっかけとなったK－POPは今も「憧れの世界」だ。

ＴＳＭの生徒たちによるライブで、観客に向かって笑顔を向ける鈴木さん（右から２人目）＝東京都江戸川区

娘の夢「国の問題とは別」

「韓国でK－POPアーティストになりたい」

中学生だった鈴木希夏さん（16）からそう打ち明けられた時、「甘い道ではない」と感じて考え直すよう諭した母の千代美さん（44）を、「親は子どもの夢を応援すべきだ」と説得したのは父の武彦さん（44）だった。都内の「東京スクールオブミュージック&ダンス専門学校」（TSM）の「K－POPコース」への進学を後押ししてくれた。

「実は韓国に対して良いイメージがない」。武彦さんは打ち明ける。希夏さんがTSMに通い始める前年の18年秋、日本企業に賠償を命じた韓国の元徴用工訴訟がメディアで取り沙汰され、「なぜ、終わったことを蒸し返すのだろう」と思った。東京五輪・パラリンピックについても、大会会場への旭日旗の持ち込みを巡って韓国は騒ぎすぎているのではないか——とも感じた。

かつて日本の陸海軍旗としても使用された旭日旗が、韓国では「日本の帝国主義の象徴」と受け止められていることは理解している。ただ、武彦さんにとって、韓国の反応は過剰に思える。

そんなイメージを持っていたにもかかわらず、武彦さんはK－POPに夢を描く娘を応援する気持ちが変わることはなかったと言う。

希夏さんは5歳でダンスを始め、音楽が聞こえてくると、いつも自然と体を揺らして踊っていた。武彦さんも少年時代は野球やスピードスケートに打ち込んだが、「これと決めた夢があったわけではなかった」。夢に向かって突き進もうとする希夏さんを誇らしく思った。

19年、韓国で女性のK－POPアーティストが自殺するニュースが報じられ、家族でメッセージをやりとりしている無料通信アプリLINE（ライン）で「怖いね」と送り合ったこともある。一方、インターネットの動画で見るK－POPアーティストたちの洗練されたダンスに、娘が夢中になることも理解できた。

日本に対して歴史を声高に持ち出す韓国と、若者に華やかな夢を与える韓国――。武彦さんの中で双方が結び付くことはない。「K－POPが生まれた場所が、ただ韓国だっただけ。国の問題と娘の夢は別物」と考えている。

「平成生まれとして、平成が終わるのはどことなくさみしいけど、平成お疲れ様でした！！！令和という新しいスタートに向けて、平成最後の今日はスッキリした1日にしましょう！」

元号が平成から令和に変わる前日の19年4月30日、韓国人、日本人、台湾人で構成する韓国の人気女性グループ「TWICE」の日本人メンバー、サナさんが画像共有アプリ「インスタグラム」にこう書き込んだ。韓国の一部で天皇陛下の即位を祝ったと受け止められ、「炎上」した。ネットニュースで見た希夏さんは「もし自分だったらやっていけない」と怖くなった。

希夏さんの目にも、昨今の日本と韓国の間で起きるトラブルはたびたび飛び込んでくる。ただ、いつも発端となる両国の歴史問題となると、自分と関わりのある話とは感じられず、興味を引かれない。

輝くようなステージとライブ後のリラックスした表情をネット上で見せるアーティストたち。定番グルメのフライドチキン。東京・新大久保で買える高品質の化粧品……。それが希夏さんにとっての「韓国」だ。

武彦さんが韓国に良くないイメージを持っていたとしても、Ｋ－ＰＯＰのミュージックビデオは一緒に楽しめる。「国同士で仲が悪くても、Ｋ－ＰＯＰは関係ない」

Ｋ－ＰＯＰコース授業に韓国近現代史

小銃を構えた日本の警察官たちの横顔が、暗闇に浮かぶ。鋭い眼光の先には、追い詰めた独立運動グループの男がうずくまっていた――。

20年3月、東京の「東京スクールオブミュージック＆ダンス専門学校」（ＴＳＭ）。テレビ画面に、緊迫した場面が映し出された。日本統治時代の朝鮮半島を舞台にした韓国映画「密偵」（17年日本公開）の冒頭シーンだ。

主演は、今年の米アカデミー賞で作品賞など4冠を獲得した韓国映画「パラサイト　半地下の家族」でも主演を務めた俳優ソン・ガンホさん。朝鮮人でありながら、日本警察に所属する主人公の葛藤を巧みに演じた。

鈴木希夏《ののか》さんが在籍する「Ｋ－ＰＯＰコース」では、ある授業計画が具体化しつつある。高等課程総合音楽科担任の加藤洋介さん（43）がテレビ画面から目を離して言った。「韓国映画を教材に、朝鮮半島の近現代史を教えたいと思っています」

18年に開講した3年制のK－POPコースは20年3月時点で、中学を卒業して進学した1、2年生計31人が学ぶ。初年度の学費は117万円と私立大学並みだが、韓国で歌手やアイドルになることを目指す10代が全国から集まる。

授業はダンスや歌、ラップといった実技が全体の8割を占め、残りを国語や数学、社会などの教科に充てる。これまで「現代社会」の教科書で日本の現代史を教えることはあったが、日韓の歴史に触れたことはなかった。

韓国映画「密偵」を紹介する加藤さん。日本の統治時代を舞台にしており、ＴＳＭ「Ｋ－ＰＯＰコース」で韓国近現代史を学ぶ教材として活用したい考えだ＝東京都江戸川区

生徒の保護者の多くは、03年に放映されたドラマ「冬のソナタ」から始まった第1次韓流ブームを経験した世代で、日韓の歴史問題に敏感な世代とは異なる。中学卒業後すぐ入学してくる生徒の大半も、日本による統治の歴史を知らない。

こうした生徒たちが、韓国で不用意な発言や行動をしかねないとの懸念が加藤さんにはあった。韓国の男性音楽グループ「ＢＴＳ（防弾少年団）」のメンバーが、原爆のきのこ雲がプリントされたＴシャツを着て、日本で非難された18年の騒動が念頭にある。

教科書では生徒の関心を引きにくいと考え、韓国で多くの良質な作品が製作されている映画を教材に選んだ。「密偵」の他にも、朝鮮戦争の離散家族を描いた「国際市場で逢《あ》いましょう」（日本公開15年）や、軍が民主化運動を弾圧した80年の光州事件の実話を基にした「タクシー運転手 約束は海を越えて」（同18年）などを紹介する考えだ。

授業では、日本による統治や朝鮮戦争の苦難を伝えつつ、音楽や映画などコンテンツ産業の成功を韓国の人たちがどれほど誇りに思っているかも教えるつもりだ。


千葉県出身の加藤さんは高校卒業後、オーストラリアに2年間留学。古代史が好きで、先住民アボリジニの歴史を学んだことで自然に同国の社会に溶け込めた。中国・内モンゴル自治区の馬頭琴奏者のマネジャーをしていた時も、演奏を伝承する遊牧民の歴史を本で学び、「相手の国の歴史を知りたい気持ちが、自分を受け入れてもらうことにつながった」との実感がある。

韓国の芸能事務所には、オーディションに合格した生徒たちを練習生として既に何人も送り出している。もし、生徒が韓国で「日本が韓国を統治していたんですか？」と発言すれば、非難を受けることは必至だ。だからといって、10代の若者が韓国に行ってから1人で歴史を学ぶことも容易ではないと思う。

新たに始めようとしている授業は、アーティストを養成する学校としての「危機管理」でもある。そして、歴史に関心がない若者が押しつけと感じず、自然に韓国の人々の境遇に思いを寄せることができれば、現地でファンの心をつかむことにつながると加藤さんは考えている。

日韓問題「知っているが」

高層ビル群を一歩入った路地沿いに、瓦屋根のレトロな街並みが広がる。韓国ソウル市の中心部にほど近い益善洞《イクソンドン》。伝統家屋「韓屋《ハノク》」をリノベーション（再生活用）したしゃれたカフェや雑貨店が軒を連ねる。5年ほど前から店舗が急増し、韓国の若者に人気のスポットになっている。

20年2月22日、その路地を信州大の韓国人留学生3人と韓国語を交えて楽しげに歩く日本人がいた。阿部夏子さん（22）。同年春、信大経法学部（長野県松本市）を卒業。5回目のソウル訪問は8泊9日の卒業旅行だった。

「去年の春から韓国語サロンに来てた医学部の子、話すの上手になったよね」。阿部さんと同じ年の春に、信大を卒業した朴《パク》柔静《ユジョン》さん（22）が話した。阿部さんは「辞書に載っていない言葉まで知りたがって面白かった」と応じた。

韓国語サロンは、信大松本キャンパスで活動する韓国語の勉強会だ。韓国からの留学生が週に1回集まり、語学を学びたい日本人学生と交流を深めている。設立したのは阿部さんだ。

長野県安曇野市出身の阿部さんは、松本蟻ケ崎高校（松本市）3年生の冬、韓国のコメディードラマ「マイ・シークレットホテル」をインターネット配信で見て、韓国に興味を持った。信大入学後すぐ、同じ学部の朴さんと学食で出会い、音楽やドラマの話題で意気投合。「字幕なしで映画が見られるようになりたい」

朴さん（右）ら留学生たちとの再会を喜ぶ阿部さん（左から2番目）。韓国語サロンの思い出話に花が咲いた＝韓国ソウル市の益善洞

と韓国語を勉強し始めた。

学部ではまちづくりを専攻。空き家の再生利用を研究する中、韓屋などをリノベーションしたカフェが急増している韓国を実地に見て歩きたいと留学を決めた。留学前に語学力を付けようと思い立ったのが、韓国語サロンだった。

信大には当時、英語やドイツ語などの語学サロンはあったが、韓国語はなかった。阿部さんは2年生だった18年1月、信大の韓国語教員に協力してもらい、友人に声を掛けてサロンを始めた。

教室で毎週水曜の夜に開催。10人ほどから始めた活動は口コミで輪が広がり、30人教室が満席になることも。日本人の2倍の韓国人留学生が交流を求めて集まった。

互いの国の流行など、話すテーマを阿部さんが決めることもあったが、たいていは雑談から自由に会話が広がった。話題の中心はやはりK－POP。この年の5月、後に日韓の間で大きな問題となる元徴用工問題を巡り、韓国釜山《プサン》の日本総領事館前に徴用工像を設置する動きが浮上してニュースになっていた。だが、サロンで歴史問題が話題に上ることはなかった。

18年9月、阿部さんはソウルの私立大学の崇実大《スンシル》に渡った。4カ月の短期交換留学だったが、語学以外の授業も受講した。韓国と日本の文化を比較する授業では、50人の学生のうち日本人は阿部さん1人だけだった。

3カ月ほどたったある日の授業。竹島（韓国名・独島《トクト》）の領有権についてグループ発表する学生たちがいた。学生は「ここにいる日本の方には申し訳ないけれど、韓国の領土だと思う」。根拠として示した複数の朝鮮の古い文献は、阿部さんが初めて耳にする内容だった。

18年10月、韓国大法院（最高裁）は日本企業に元徴用工への賠償を命じる確定判決を言い渡した。11月には韓国政府が、慰安婦問題解決のため16年に設立された「和解・癒やし財団」の解散を発表。学内の学生と食事に行くと、歴史問題が話題になった。

韓国の学生たちは「日韓関係をどう思う?」「日本人って慰安婦知ってるの?」と矢継ぎ早に聞いてきた。自分が責められている雰囲気はなかったが、歴史問題について深く考えたことはなかった阿部さんは自分の答えを持ち合わせず、戸惑った。「知ってはいるけれど……」。それ以上、言葉が出てこなかった。

留学生と少しずつ語り合う日韓問題

松本市の信州大松本キャンパスにほど近いカフェ。20年2月13日、卒業を約1カ月後に控えた同大経法学部4年の阿部夏子さん（22）は、同大の後輩で人文学部3年の増渕紗久良《さくら》ディナさん（22）と隣り合って座っていた。

「留学生に日本のどんなイベントを教えてあげたら喜びますか」。4月に新入生を迎えるに当たり、増渕さんがアドバイスを求めた。阿部さんは「一番興味があるのはお祭りかな。お花見の名所やイルミネーションの時期も調べておくといいよ」と応じた。

18年1月、信大に韓国語の勉強会「韓国語サロン」を設立した阿部さん。韓国人留学生からは「フェジャンニム（韓国語で「会長様」）」と呼ばれ、頼りにされてきた。19年夏に代表を引き継いだ増渕さんも信頼を寄せる。

2人はサロンで日韓の歴史問題を話題にする是非についても話した。「歴史をテーマにするのはすごくいい」と阿部さん。そして、自身の留学経験も踏まえて続けた。「だけど、

韓国語サロンの運営について話す阿部さん（右）と増渕さん

実際は難しいと思う」

18年12月、崇実大《スンシル》（韓国ソウル市）での留学を終えて帰国した阿部さんは、日韓関係に関するニュース記事を読むことを習慣にした。信大の留学生とも元徴用工などの歴史問題について少しずつ話すようになった。歴史問題に関心を寄せたのは、韓国の友人に「日韓関係をどう思う？」と聞かれ、言葉に詰まった留学中の経験があったからだ。日本人を責めるというより、政治や歴史への関心を率直に口にしているように感じた。「日本人にも、無関心でいてほしくないんだろうな」。歴史を学ぶことで、韓国の人との距離を近づけられると思った。

一方、サロンでは歴史問題に触れることは避けてきた。留学生が日本人の考えを知りたがっても、同じくらい語れる学生は少なく、日本の学生が沈黙する中で留学生が一方的に話す場になると思ったからだ。楽しんで韓国語を学びたい学生が集まったサロンでは、K－POPやドラマの話題がなじむと考えた。

東京育ちの増渕さんは、父親がアフリカのコンゴ民主共和国出身。日本人の母親と結婚する前、韓国に住んだことがある父親は韓国語が話せた。父親からハングルを学び、チマ・チョゴリに袖を通したこともある増渕さんにとって、韓国は身近な国だ。

一方、父親の母国コンゴは「遠い国」だった。高校3年のころ、自分のルーツを知りたくなり、卒業研究でコンゴの歴史について調べて8千字のリポートにまとめた。19世紀末からベルギーに統治されたコンゴは、1960年の独立後も、部族対立や天然資源が絡む紛争に苦しんだ。父親がなぜ故郷についてあまり話してくれなかったのか、その気持ちに触れた気がした。

父親の母国について学んだ経験から、歴史を知ることは大切と感じる。日韓の間にも歴史が影を落として いることは知っている。ただ、国と国が対立する歴史問題に縛られると、学生が先入観抜きに生身で向き合っているサロンの良さが損なわれると思った。

19年9月、増渕さんが参加予定だった信大の韓国研修旅行が中止になった。大学側が元徴用工訴訟判決による日韓関係の悪化を理由に自粛を決めたからだ。だが、友人と反日感情が高まっているというソウルや釜《プ》山《サン》を旅してみると、日本語で会話していても地下鉄では席を譲られ、トッポギ（細長い餅）をおまけしてくれる食堂もあった。

「歴史問題で広がった距離を縮めるのに、歴史以外の方法があってもいいはず」。この春も新たに日韓の学生を迎えるに当たり、増渕さんはそう考えている。

友と意見をぶつけ合いたい

ポケットから取り出したのは、アルバイト代を貯めて買ったネクタイピンだった。

20年2月20日朝、松本駅前のバスターミナル。信州大人文学部2年の中村洋貴《ひろき》さん（20）は、韓国に帰国する金《キム》炳官《ビョンガン》さん（23）に「就活で使って」とタイピンを手渡した。照れくさそうな表情で「頑張るよ」と受け取った金さん。「次に会うのはソウルだな」と再会を約束し、空港に向かうためバスに乗り込んだ。

韓国ソウル市の崇実《スンシル》大で工学を学ぶ金さんは19年4月から1年間、交換留学で信大松本キャンパス（松本市）に通った。２人が出会ったのは同年３月、信大人文学部の大串潤児教授（日本現代史）のゼミ研修で中村さんが渡韓した時だった。金さんがガイドを務め、その後、信大の韓国語勉強会「韓国語サロン」で再会した。

韓国に帰国する金さん（左）にネクタイピンを手渡して見送る中村さん。ソウルでの再会を誓った＝松本市

中村さんの１Ｋのアパートは、サロン後の「たまり場」になることが多かった。同年6月、中村さんの部屋で開いた金さんの誕生日会。日韓のメンバー10人ほどが集まった場で、中村さんはずっと疑問に思っていたことを金さんに聞いてみた。「韓国の学生は日韓の歴史をよく知っている。なのに、どうして日本人と仲良くしてくれるの？」

浜松市出身の中村さんは高校時代、韓国の女性グループ「ＴＷＩＣＥ」のファンだった。周りの同級生たちは、歴史問題で日本と対立しがちな韓国発の流行に冷ややかな目を向けた。ただの「ミーハー」と思われたくないという気持ちが、韓国への興味を深めるきっかけになった。

信大では日韓関係史を専攻し、慰安婦や朝鮮人被爆者に関する本を読みあさった。日本が朝鮮半島を植民地にした歴史を学び、韓国の学生が同世代の日本人をどう思っているのか知りたいと思った。

渡日前、金さんは「嫌韓」感情が自分にも向けられると覚悟していた。18年10月、韓国大法院（最高裁）が日本企業に元徴用工への賠償を命じた。同年12月には、韓国艦艇による自衛隊機への火器管制レーダー照射問題もあった。

留学中、日本人から面と向かって反感を持たれることはなかった。ほっとした半面、日本の若者たちの歴史や政治への関心が、韓国よりずっと薄いと感じた。19年7月の参院選の直前、日本の友人の多くは投票日がいつなのかさえ気に留めていなかった。

K－POPなどで韓国に親しむ日本人に対し、いつも「歴史」を通じて日本を理解しようとしてきた韓国人の自分。歴史問題で両国が対立するのは「互いの政権が支持率を上げようとしていることも理由」と冷静に見ている一方、日本人と本音で歴史を語り合いたい――との思いもあった。

誕生日会での中村さんの問いに、金さんは「歴史に無関心な人もいるけれど、洋貴みたいにそうやって聞いてくれる人もいる。それがうれしい」と答えた。「日本人が歴史を知らなさすぎるから、擦れ違いが起きる」と中村さんが言えば、金さんは「韓国でも反日教育で実際にあったことが大げさに教えられていることもある」。話に夢中になっているうちに1人、2人と帰宅し、深夜の部屋は中村さんと金さんだけになっていた。

「なぜ、日本人に慰安婦を否定する人がいるの？」。19年の夏前、金さんからそう問われた時、中村さんは「難しい問題だよね」としか答えられなかった。日韓の歴史問題について、まだ意見を持てない自分をもどかしく感じた。

日韓の歴史は、読む本や話を聞く人によって多くの点で食い違いがある。韓国の若者や市民の考えも一様ではなく、中村さんから思いを伝えられた指導教官の大串教授は「行ってみなければ分からないこともある」と助言した。

実地で歴史に触れ、金さんと自分の考えをぶつけ合いたい――。中村さんは8月からソウル市の光云《カンウン》大に留学し、日韓関係史を学ぶ計画だ。

留学プログラムで飯田の高校へ

スマートフォンの画面に、漢字とハングルが交ざった表彰状が映った。「全国大学生日本語翻訳大会　最優秀賞」。画像にはこんなメッセージが添えられていた。「授賞はお父さんとお母さんのおかげです。日本で教わったいろんなことが今を生きる自分の糧になっています」

19年11月29日、長野県飯田市本町でクリーニング店を営む福沢勝さん（71）は、自分を日本の「お父さん」と慕う中央大《チュンアン》（韓国ソウル市）4年の田成勲《ジョンソンフン》さん（24）から届いたメッセージに返信を打ち始めた。

「私たちの応援より、あなたの努力の賜物です」「GSOMIAや徴用工などの課題が山積してますが、日本語の勉強は周りから色眼鏡で見られませんか？それが心配です」

13年、飯田市の飯田風越高校に留学した田さんを約1年間、ホームステイで自宅に受け入れた。生意気だがどこか人懐っこそうな顔が脳裏に浮かんだ。田さんが「お母さん」と呼んだ妻の遺影に目をやりながら、福沢さんは「まずはおめでとう。仏壇の裕子に話します」と続けた。

19年10月に社団法人韓日協会がソウルと釜山《プサン》で開いた大会には、韓国の大学生計93人が出場。新聞記事や随筆を翻訳し、田さんは最高点を獲得した。

心配する福沢さんに、田さんは「電車で日本語の本を読んでいたら、自分もスラスラ読めればいいなあと声をかけてくれた人もいました。心配なさらず！」と返した。

田さんはソウル北西の高陽《コヤン》市出身。最初に日本を意識したのは小学2年生のころ。韓国で大ヒットしたドラマ「野人時代《ヤインシデ》」を見た。主人公のモデルは、日本の植民地時代の朝鮮半島で抗日を貫いて戦った実在の侠《きょう》客《かく》。敵役の日本人のイメージは「いつも怒鳴り散らしている軍人」だった。一緒にドラマを楽しんでいた両親も「日本に対していいことを言わなかった」。

5年生になり、入ってきたのは日本の「クール」なイメージだった。日本の人気漫画「DEATH NOTE（デスノート）」。名前を書いた人を死に至らしめるノートを巡って、心理戦が展開されるストーリーに引き込まれた。

この頃、学校行事で日本を旅行し、福島県などを巡った。5日間の旅だったが、のどかな地方で温かく迎えてくれた人々に親しみを感じた。

「『チョッパリ』が攻めてきた」。中学の歴史の授業で、教師は16世紀の豊臣秀吉の朝鮮侵攻をこう解説した。二つに割れた動物のひづめと、足袋などの日本の履物とを結び付けて使われる、あからさまな差別表現を教師が口にしたことに違和感を覚えた。

一方、韓国では急激な経済発展を遂げる中国の存在感が強まり、人々の日本への関心はアニメなどのサブカルチャーや歴史問題に限られてきていた。田さんも中学で選択する第二外国語は、日本語ではなく中国語を選んだ。

「全国大学生日本語翻訳大会」で最優秀賞を受賞した田さん。高層マンションが立ち並ぶ地元を歩きながら、飯田での生活を懐かしそうに振り返った＝高陽市

「横浜から東京までの電車賃はいくらですか」――。

中学2年のある日、父親の寛秀《クワンス》さん（59）が運転する車に乗り込むと、カーステレオから日本語が流れてきた。大学で漢文を教えていた寛秀さんが、日本語を学ぶために聴いていた音声教材だった。仕事で必要だったのかもしれないが、尋ねても理由はよく分からなかった。「物好きだな」と思いつつ、その響きが耳に残った。

高校でも中国語を選択する生徒が多かった。だが、勉強でライバル視していた友人が突然、日本語を学び始め、自分も日本語に乗り換えた。対抗心もあったが、日本を旅行した経験や、父親の教材で聴いた日本語の印象が頭にあった。

韓国語と似た文法や単語。何より発音が美しく感じられ、日本語の勉強にのめり込んだ。高校2年の秋、国際教育交流団体「ＡＦＳ」主催の日本留学プログラムに申し込んだ。行き先は飯田だった。

「お父さん」の問いに緊張

「そういえば、韓国って中国のどっち側にあるの？」

13年4月、飯田風越高校国際教養科の2年7組で留学生活をスタートさせた田成勲さんは、雑談の最中に同級生がなにげなく口にした言葉に衝撃を受けた。

12年8月10日、韓国の李明博《イミョンバク》大統領が竹島（韓国名・独島《トクト》）に上陸した。天皇陛下に謝罪を求める発言もあり、政権末期の政治的パフォーマンスとの見方が強かったが、日本側から激しい反発を呼んだ。街の書店には大量の「嫌韓本」が並び、10年ごろから続いていたＫ－ＰＯＰを中心とする「第2次韓流ブーム」も一気にしぼんでいた。

一方、田さんが日本の高校生から感じたのは「敵意」ではなく、ブームが去った後の「無関心」だった。受験競争が激しい韓国では経験できなかった部活動でバレーボールを楽しみ、留学生活は充実していた。ただ、中国との比較では関心が低下しつつも日本を意識し続けている韓国人に対し、韓国のことは全く意識していない日本の同世代との間に溝も感じた。

田さんが飯田市本町でクリーニング店を経営する福沢勝さんの自宅でホームステイを始めて間もない頃、夕食を食べながらテレビでニュースを見ていると、安倍晋三首相と朴槿恵《パククネ》大統領が映った。右派的発言などで韓国で批判を受けることが多い首相。「安倍さんは悪い人」とつぶやいた田さんに、福沢さんは「お父さんも朴槿恵が嫌いだよ」。食卓に緊張が走った。

13年2月に就任した朴大統領は、就任直後の「3・1独立運動」記念日の式典演説で、植民地支配の加害者と被害者の関係は「1000年の歴史が流れても変わらない」と発言。歴史問題で日本に対応を強く求め続ける考えを明確にした。

「慰安婦問題では日本政府が何度も韓国に謝ってきた。なぜ、いまだに日本を責め続けるのか」。福沢さんは韓国の姿勢に不満を抱いていた。

先祖を敬い、太平洋戦争で戦死した叔父の遺影を大切にしている。長女の米国留学をきっかけに、十数年前から国際教育交流団体「AFS」の長期ホームステイの受け入れ先となって以来、迎えてきたのはフィリピンやタイからの留学生。初めて韓国から留学生を迎え、「戦争では日本人も傷を受けた。韓国からの見方だけでなく、日本人の気持ちも知ってほしい」との思いがあった。

日韓併合の韓国側の要因を指摘した「韓国併合への道」（呉善花《オソンファ》著）など、韓国の批判本を多く読んでいる福沢さんから日韓の歴史問題について考えを問われると、韓国では私立高校の理系だったため歴史を選択していなかった田さんにはうまく答えられなかった。一緒に見たテレビの討論番組では、慰安婦や領土問題に絡んでコメンテーターの1人が韓国を「あの国」とあきれた口調で呼んだ。

幾度か食卓に気まずい雰囲気が漂う中、田さんに助け船を出したのは福沢さんの妻の裕子さんだった。「もう終わりにして」。歴史の話で福沢さんが問い詰めるような口調になると、裕子さんがたしなめるように言い、田さんはほっと胸をなで下ろした。

裕子さんは毎日、高校に弁当を持たせてくれ、無断外泊した時は心配して涙を流して叱ってくれた。福沢さんも毎週水曜、腕を振るってスパイスカレーをごちそうしてくれた。2人を「お父さん」「お母さん」と呼び、福沢家を自分の居場所と感じていた。

それでもなお、福沢さんと歴史の話をするのは、やはり気が重かった。自分の考えを押しつけようとしているのではなく、韓国の若者の考えを聞きたいのだろう――。そう受け取っていたものの、福沢さんが認識している日韓の歴史は、韓国人一般の認識と大きな開きがあるように思った。

それがなぜなのか、当時は分からなかった。

痛くても互いに顔を合わせて

法被姿の福沢勝さんの妻裕子さんの隣で、田成勲さんが硬い表情を浮かべていた。写真の撮影日は13年5

月3日。飯田市本町3丁目で約150年続く「大名行列」（市無形文化財）が、愛知県刈谷市の祭りに招待された時の写真だ。

大名行列の保存会副会長を務める福沢さんは、飯田市に来てまだ1カ月ほどの田さんを「家に1人で残しておけない」と連れて来た。奴《やっこ》姿の役者が長やりを投げ交わしたり、傘を回したりする所作を披露しながら、江戸時代の絵巻物を再現。福沢さんは役者に指示を出したり、行列の進行のため打ち合わせをしたりと忙しく動き回っていた。

「この頃は日本に来たばかりで、良さまでは分からなかった」。20年2月、韓国高陽《コヤン》市で田さんは当時の写真を見せて言った。ソウルのベッドタウンに生まれ、伝統行事や地域コミュニティーと無縁だった田さんはいま、伝統文化を脈々と受け継ぐ日本をうらやましく感じる。

繰り返し日本に謝罪を求める韓国に対して福沢さんが理不尽な思いを抱くのは、「愛する国が傷つけられた」と感じるからだろう。そうした愛国心は、大名行列のような地域で受け継ぐ文化にも根ざしていると思うようになった。

一方、韓国では日本の植民地支配や朝鮮戦争により多くの地域で伝統文化が失われた。戦後も地域で伝統を保ってきた日本と、奪われた伝統に代わって「反日」が愛国心のよりどころになってしまった韓国。それが、日韓対立の背景にあるのではないか——。

14年2月、帰国した田さんは「歴史」を学ぶことに没頭した。留学中、日韓の歴史を巡る福沢さんの問い掛けに答えられなかったからだ。

翌年春、韓国の高校を卒業し、ソウル市の中央大《チュンアン》に入学。結成されて間もない歴史サークルに入った。サークルの名は「ホログラム」。見る角度によって色や模様が変わるホログラム画像になぞらえ、「歴史を多角的に見よう」と名付けられた。

この年、サークル活動の一環でベトナムを訪ねた。米国以外では最多の約30万人をベトナム戦争に派兵した韓国では当時、韓国軍による民間人虐殺や性犯罪が問題化していた。ベトナム訪問は、同国中部に複数ある「韓国軍憎悪碑」や慰霊碑を見学するためだった。

石碑には韓国軍が虐殺したとされる人々の数や名前が刻まれていた。田さんの母方の祖父は軍人。ベトナムには派遣されなかったが、「韓国人の自分の中にも加害の側面はある」と考え、気が重くなった。

サークルでは、福岡の炭坑で亡くなった朝鮮人徴用者らの遺骨を収集している日本のNPO法人「無窮花《ムグンファ》の会」も訪問。同県飯塚市にある納骨堂で、加害の歴史に向き合う日本人から話を聞いた。福岡を旅行する韓国人は多いが、納骨堂を訪れる人は少ないことも知った。

サークルの活動を通じ、日本と韓国の歴史には、まだ自分が知らない多くの面があると実感した。

17年5月、福沢さんと40年連れ添った裕子さんが亡くなった。3月に告げられたのは末期のがん。64歳だった。

韓国から葬儀に駆け付け、2人の実子と並んで泣きじゃくる田さんを見ながら、福沢さんは自分の子ども以上に田さんを気に掛け、日本の生活習慣やルールを厳しく教えていた裕子さんを思い出した。

「日韓の懸け橋になってもらいたかったのかな」。今も快くは思えない韓国を田さんに重ねた時期もあった。

だがこの時から、妻の期待を自分も寄せるようになった。

いま、交流を深める日韓の同世代に対し、田さんは「歴史に触れるのは痛い。けれど、顔を合わせて話せるなら、互いに少しだけでも近づいてみて」と願う。対立をあおるのではなく、自分や相手をより理解するために歴史を生かす——。それができるかは、自分たち次第だと考えている。

識者に聞く…3

身近な人の足跡から

政治学者 姜尚中《カンサンジュン》さん

先の大戦を経験していない若い世代にとっては、「朝鮮半島を植民地支配した国の国民として責任を負わなければならない」という考え方は実感とかけ離れている。そうした考えを押しつければ、「国民」という自意識を高めることになり、ナショナリズムをあおることになるだろう。

歴史というものは本来、個人や家族、地域などもっと身近にあるはずのもの。「国家」や「国民」という単純な枠組みでくくるのではなく、1人の実感を持った人間のものとして紡ぐことが大切だ。

例えば信州から旧満州（中国東北部）に開拓に行った人々は、現地の人々とどう接していたのか。自分が暮らしている地域には、どんな痕跡が残っているのか。そうした身近な人々の足跡や、自分の両親や祖父母、日韓のさまざまな人々の「ファミリーヒストリー」と向き合うこと―。これが、歴史を知る上であるべき姿だろうと思う。

K-POPをさかのぼっていくと、「農楽」など朝鮮半島の民俗芸能に行き着く。ブームの背景には韓国の国家戦略もあるが、その下地となる文化もあった。アフリカにルーツを持つ黒人が口ずさんだ歌が西洋音楽と融合してジャズが生まれたように、農楽も長く階級社会の中で苦しんだ民衆が生みだした。若者にはそんな切り口から歴史を知ってもらうのも面白いのではないだろうか。

第4部

境界のひとびとへの視線

第4部では、ネット上で嫌悪を露わにする人々の実像に迫る一方、在日コリアンの各世代の記憶や思いに耳を傾ける。

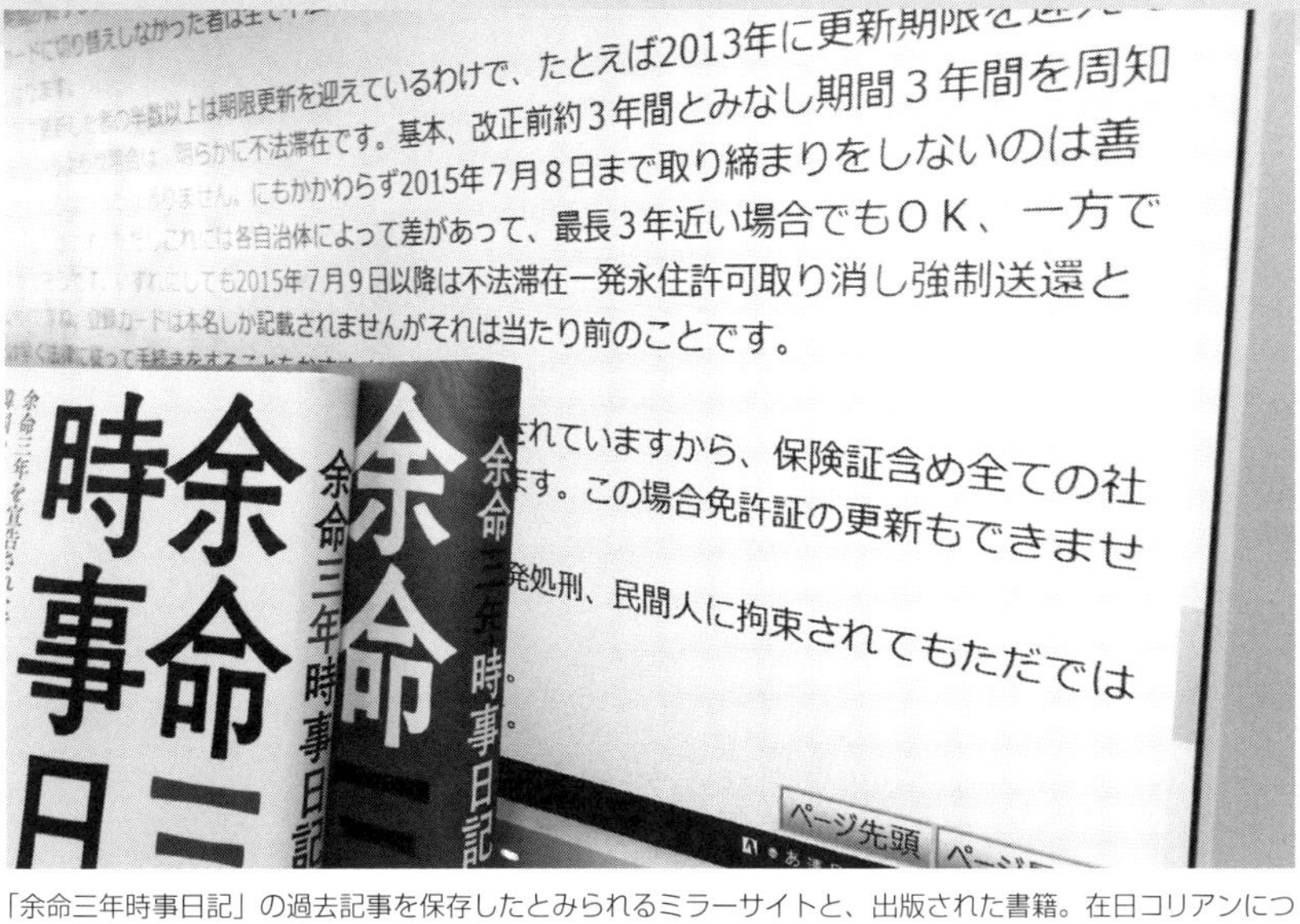
以上は期限更新を迎えているわけで、たとえば2013年に更新期限を
明らかに不法滞在です。基本、改正前約3年間とみなし期間3年間を周知
りません。にもかかわらず2015年7月8日まで取り締まりをしないのは善
これには各自治体によって差があって、最長3年近い場合でもOK、一方で
いずれにしても2015年7月9日以降は不法滞在一発永住許可取り消し強制送還と
登録カードは本名しか記載されませんがそれは当たり前のことです。
されていますから、保険証含め全ての社
ます。この場合免許証の更新もできませ
発処刑、民間人に拘束されてもただでは
ページ先頭
余命三年時事日記
余命三年時事日記

「余命三年時事日記」の過去記事を保存したとみられるミラーサイトと、出版された書籍。在日コリアンについて「2015年7月9日以降は不法滞在一発永住許可取り消し強制送還」といったデマが多く並ぶ

長野の弁護士に全国から「懲戒請求書」の束

「これが一度にどさっと届いたんです」

２０２０年3月末、長野市の弁護士渡辺恭子さん（41）は、事務所の奥から一抱えの段ボールを運んできた。中に入っていたのは、長野県弁護士会に対して渡辺さんの懲戒を求める「懲戒請求書」の束。全国の見知らぬ人々から届いた請求書は約９５０通に上る。

17年秋、県弁護士会を通じて請求書を受け取った渡辺さんは「自分も巻き込まれてしまった」と思った。この年、既に全国の弁護士に大量の懲戒請求[*1]が行われ、渡辺さんも知り合いの弁護士から被害に遭ったと聞いていた。

発端は16年3月、在日コリアンに民族教育を行っている朝鮮学校への補助金交付について、文部科学省が関係自治体に出した通知だった。北朝鮮のミサイル発射や核実験を受け、北朝鮮と密接な関係にある在日本朝鮮人総連合会（朝鮮総連）が教育内容や人事、財政に影響を及ぼしているとして、補助金交付の妥当性を検討するよう求めていた。

通知に対し、日本弁護士連合会（日弁連）は「子どもの教育を受ける権利とは何ら関係を持たない政治的理由により補助金の支給を停止することは、朝鮮学校に通学する子どもたちの学習権の侵害につながる」と抗議する会長声明を発表。これに対し、中国や韓国、在日コリアンを非難する内容が多く書かれたインターネットのブログ「余命三年時事日記」が批判し、特定の弁護士を名指しして懲戒請求するよう読者に呼び掛けた。

呼び掛けをした記事はその後に削除されたとみられ、確認することができないが、懲戒請求を受けた弁護士の一部は「人種差別に基づく違法な請求」などとし、請求者に損害賠償を求めて各地の地裁・簡裁に提訴した。その弁護士の1人は17年9月、裁判の見通しについて短文投稿サイトのツイッターにこう書き込んだ。

「刑事は検討中だけど、民事はいけると思うんだよね。弁護士に対する不当な懲戒請求に関する最高裁判決や下級審判例を見れば十分いけそう」

長野県弁護士会を通じて事務所に届いた大量の懲戒請求書に手を置く渡辺弁護士。インターネットで再び攻撃されることを恐れ、顔の撮影は断られた＝2020年３月、長野市

これに対して、別のツイッター利用者がコメントした。

「弁護士の先生方にも保守派はいる。当事者に限らず、裁判を見守る国民も弁護士も、おそらくは二極化するだろう」

渡辺さんは、やりとりを見て書き込んだ。

「保守派と名の付けば自分たちの味方をしてくれるはずだと思っているところがまたなんともイタタ。保守派と言っても弁護士も議員もこれはさすがにダメだと思う」

渡辺さんは普段から、自分の考えを率直にツイッターにつづってきた。県内には松本市に長野朝鮮初中級学校があり、県や松本市が補助しているが、渡辺さんは同校と関わりはなく、補助金交付について以前に考えを述べたこともなかった。

だが、渡辺さんはこのツイッターの発言だけで懲戒請求の標的にされた。ブログには各弁護士に向けた懲戒請求書のひな型が用意され、過去の発言などを取り上げて読者に署名、押印して送り返すよう促していた。

県弁護士会の綱紀委員会は18年4月、渡辺さんの書き込みについて「時事の評論を行っただけ」とし、懲戒事由に当たらないと議決した。


日弁連によると、懲戒請求は例年2千~3千件ほどで推移していたが、問題が起きた17年は約13万件に上った。ブログ「余命三年時事日記」の呼び掛けに応じて懲戒請求した人に対する訴訟は現在も続き、大半が請求者側に賠償を命じる判決が出ている。

渡辺さんは大量の懲戒請求を受けたことを理不尽に感じたが、提訴はしなかった。請求者の中には同じ長野市に住む人もいた。ネットの発言一つで、身近な人を含めてこれだけ多くの攻撃が一斉に向けられることに恐怖を感じた。

以降、これまで本名だったツイッターのアカウント名を匿名に変更。人脈を広げようと参加してきた異業種交流会への参加も控え、髪形も変えた。この出来事をきっかけに「これまで世の中に無条件で置いていた信頼感をなくしてしまった」。


過去の植民地支配の経緯などから、現在も全国で約48万人、県内で3732人(出入国在留管理庁まとめ、ともに短期在留者らを除く)が暮らすとされる在日コリアン。しばしば差別の目が向けられ、特に近年はネットの世界を中心に嫌悪感情が向けられる。一口に「在日」と呼ばれる人々が、それぞれどのような背景を持ち、生活しているのか、つぶさに振り返られる機会は少ない。

ブログ内容 真偽なんて……

「心からお詫《わ》び申し上げます」

18年6月、朝鮮学校＊2への補助金交付に反対するインターネットのブログ「余命三年時事日記」の読者から、大量の懲戒請求を受けた長野市の弁護士、渡辺恭子さんのもとに、懲戒請求をしてきた男性から1通の手紙が届いた。男性は弁護士たちが懲戒請求者に損害賠償を求める訴訟を起こしているとの報道に接し、「よく理解せず大変なことをしてしまった」と反省の言葉を記していた。

「自分の考えだけが正しいと思い込み、他人の考えを理解せず、一方的に自分の言い分を正当化することで他人の権利を侵害していることに気が付きませんでした」「『日本が本当に良くなるためには、自分も何かしなくては』という思いに駆られた」。謝罪の言葉が並ぶ文面を目で追いながら、渡辺さんは「なぜ、簡単にブログを信じてしまったのだろう」と思った。

手紙の末尾には「今後、私のとるべき行いについてご教示いただければ幸いです」と書かれていた。約950件の懲戒請求のうち、男性を含めて8人が謝罪の手紙を送ってきたが、自らの責任の取り方を尋ねてきたのはこの男性だけだった。わずかな希望を感じ、ブログの読者にこうした行為をやめるよう呼び掛けてほしい——と返信したが、男性から反応はなかった。

記者はこの男性に懲戒請求された複数の弁護士や関係先に取材を重ね、連絡先を割り出して取材を申し込んだ。

電話では「話すことはない」と断られたが、「ブログのどんな内容に関心を持ち、なぜ懲戒請求したのか知りたい」と複数回、手紙で伝えたところ、取材を受けることを了承してもらった。

19年11月、待ち合わせた九州地方のホテルのロビーに、初老の男性が現れた。黒っぽいジャケットにグレーのパンツ姿。小柄だが背筋の伸びた立ち姿が印象的だった。「元国家公務員で61歳」との肩書で報じることを条件に、ぽつりぽつりと話し始めた。

男性によると、ブログの呼び掛けに賛同の意思を表すと、あらかじめ弁護士の名前などが書かれた用紙が郵送されてきて、署名、押印をして返送するだけだったという。どの弁護士に懲戒請求し、謝罪の手紙を送ったのか聞くと、覚えていないようだった。

中学卒業後、公務員として勤めてきた。退職してから「社会に恩返ししたい」と、自分にできることをネットで探している時にブログに出合った。韓国や中国、マスコミが「反日」活動をしているとし、在日コリアンの特別永住資格や通名（日本名）使用を「特権」と主張する内容を見て「報道されていない事実を知ることができる」と新鮮に感じ、毎日チェックするようになった。

やがて「韓国の大統領は日本を支配しようとしている」と危機感を抱いた。18年に起きた韓国艦艇による自衛隊機への火器管制レーダー照射問題では、照射を事実無根と主張する韓国に対して「自衛隊がうそをつくはずがない」と怒りが込み上げた。

取材中、男性は弁護士への懲戒請求という手法を取ったことに「申し訳ないことをした」と繰り返した。だが、話が朝鮮学校に及ぶと「北朝鮮系の学校で反日教育をしている。補助金は交付すべきでない」と主張した。懲戒請求が問題となった後も考えは変わらず、「これは差別ではなく区別だ」と話した。

「在日コリアンの人に対してどう思っているのか」と聞くと、男性は「幼い頃は、同じクラスに在日の子がいた」としつつ、なぜ日本にコリアンがいるのか「しっかりした知識はないので、自分の言葉では話せない」。それでいて「在日は自分の国に帰ればいい」と話した。

男性は今もブログを読み続けているという。ブログが事実なのか、執筆者はどんな人物なのかは、「知らない。内容の真偽なんて調べようがない」。

普通の中高年に「充実感」

ブログ「余命三年時事日記」を読んだ人から全国の弁護士に対して行われた懲戒請求。記者は東京などの弁護士に懲戒請求した長野、上田、諏訪、飯田の男女計6人の情報を得て、自宅を訪ねたり、電話したりした。

「植民地支配という言葉は好きじゃない。朝鮮半島の人が学校に行けるようになったのは日本のおかげ。日韓併合は会社の合併と同じですよ」

2019年12月と20年4月、東信地方の温泉街で取材した70代の自営業男性は、自分の歴史認識をこう語り、日本の植民地支配の責任を否定した。

男性がブログを読み始めたのは10年ほど前。尖閣諸島の領有権を巡る日中の対立を巡り、中国の覇権主義的な動きを批判する記事が目にとまった。日本企業の中国進出が進み始めた1980年代、広東省深圳《シンセン》市の工場に通信機器の製造を発注する仕事に携わり、「日本が経済発展を手助けした」と自負も感じた。その中国はいま、軍事力を背景に日本などの周辺国を脅かしている――。危機感から「政治の裏側を知らなければいけない」とブログにのめり込んだ。

同じく拉致や核開発、ミサイル発射で日本に脅威を与える北朝鮮。朝鮮学校の実態を目にしたことはないが、「独裁者を支持し、子どもを育てている」とし、補助金については「民主主義の日本で公金は出せない」。懲戒請求は今も正しかったと考えている。

鹿児島県出身。退職後は故郷に戻りたい気持ちもあったが、義兄を介護するために横浜市から移住した。妻とは一緒だったものの、知り合いの少ない土地での介護は「本当にきつかった」。合間にネットを巡回していてブログを読み始めたのはこの頃。懲戒請求は、社会との接点を取り戻したと感じる機会になった。

懲戒請求後、弁護士から提訴され、東京地裁に足を運んだ。「法廷で闘うんだと思うと、久しぶりに楽しい気持ちだった。『血湧き肉躍る』感覚ですよ」と充実感を漂わせた。

19年11月、電話で取材した長野市の男性は「ブログを読み始めた当初は荒唐無稽だと思ったが、読み続けるうちに『よく書いてくれた』と思うようになった」と打ち明けた。朝鮮学校への補助金交付については「人道的には交付してやりたいが、憲法89条[*3]に違反する」。憲法89条は「公の支配に属しない」教育事業への財政援助を禁じており、男性は「日本の公金は日本のために使うべきだ」と話した。

19年12月に訪ねた飯田市の男性は、取材に「信毎さんでしょ。お断りします」。朝鮮学校への補助金交付や大量懲戒請求問題について話を振ると「何のことか分かりません」とはぐらかしつつ「弁護士から私の情報が漏れているんでしょう」とし、それ以上の話は聞けなかった。他の請求者とみられる男女にはいずれも、玄関先で「いません」と戸を閉められたり、メールで取材を断られたりした。

「ネット右翼」「ネトウヨ」。ネットで極端に右翼的、排外主義的な主張をする人を表す言葉だ。若年貧困層が多いと言われたこともあり、記者も懲戒請求者に対してそんなイメージを持っていた。だが、取材で出会った請求者は、自宅こそ庭付きの大きな家から古いアパートまでさまざまだったが、いずれも40~70代とみられる中高年だった。

懲戒請求者に賠償を求める裁判を起こしている長野県上田市出身の弁護士、北周士《きたかねひと》さん（38）＝東京都＝によると、他の弁護士とこれまで提訴した約800人はいずれも中高年。女性の比率は約4割という。

北さんは「いわゆる右翼的な人は1割ほど。多くはごく普通の人」と言う。ブログでは請求者の名前や住所は弁護士本人に伝わらないと書かれていたといい、「ネットの簡易さや匿名性に加え、気に入らない他者をたたく快感が引き起こした」と考えている。

「普通の中高年」に対して他者への嫌悪を抱かせ、懲戒請求へと駆り立てた「余命三年時事日記」。ブログはどのような人物によって運営されているのだろうか。

現実を脅かすネットの扇動

全国の弁護士に懲戒請求を呼び掛けたブログ「余命三年時事日記」。インターネット上に残る記録や関連書籍には2010年代初めごろ、余命3年と宣告された「かず」と名乗る人物が書き始めたとある。この人物は13年に死去し、「余命プロジェクトチーム」というグループが活動を引き継いでいるとされている。

民主党（当時）政権成立を利用して在日コリアンが日本を乗っ取る計画をネット掲示板に記した、日韓開戦で在日が武装蜂起する、新たな在留管理制度[*4]で在日が強制送還される――。ブログの記事を保存したとみられるミラーサイトや書籍には、差別や偏見に基づく記述、出所が疑わしいデマが多数見られる。

長野県内外で在日コリアンに直接取材してきた記者は、なぜ彼らに敵意を向け続けるのか聞こうと考えた。取材を重ね、ブログ運営に関わったことがあり、現在は運営から離れているという2人の人物に電話で話を聞くことができた。

各地から届いた懲戒請求書を各弁護士会に送る作業をしていた県外出身の人物は、作業に対して「報酬を得ていた」と証言した。長野県茅野市で製造の仕事に携わっていた頃、夜中にネットサーフィンをしていてブログに出合った。在日が日本を征服しようとしている――などとする内容に「社会的な興味」を持ち、手伝うようになった。

現在は「時間がなくなった」ためブログから離れたとし、関心は新型コロナウイルスの発生地とされる中国に移った。動画サイトをよく見るといい、電話口で「中国をつまはじきにしようというのが、世界の潮流だ」と主張した。

ブログ主宰者とみられる男性の住所地には、高層の団地が建ち並んでいた＝東京都

別の人物は、ブログが「余命三年」の人物によって書かれているとの記述から、「命が尽きる前に何かを伝えようとしている姿勢に感銘を受けた」。在日が日本を乗っ取ろうとしているという内容は非現実的と思いつつ、「今にも死にそうな人が書いていると思うと、真実味を感じてしまった」という。

ブログの運営資金は「読者からの寄付金だった」とし、自分も数千円を寄付。弁護士に懲戒請求した時は、主宰者に「大丈夫か」と聞いたが「問題ない」と言われ、「良いことをしていると思い込んでしまった」。後に自分も弁護士から提訴され、「(ブログ主宰者は)平気でうそをつく」「多くの人を扇動した」と考えるようになったという。

記者は複数のブログ関係者や弁護士、公的機関の情報から、主宰者とみられる男性の連絡先と住所を割り出した。電話やメールでは連絡が取れず、19年11月と12月、住所がある都内の団地を訪ねた。

部屋には主宰者とみられる男性と同名の表札が掛かっていたが、人の気配はなかった。隣人の男性は「住んでないんじゃない?」と話した。

ブログは15年以降、書籍化されており、19年11月、出版元の「青林堂」(東京都)に、主宰者の男性について問い合わせた。担当者は「最近は関係がない」と答えた。

ブログ読者から約960件の懲戒請求を受けた弁護士、金竜介さん(55)=東京都=は、朝鮮学校への補助金交付に関わる仕事をしたことはなかった。日本国籍を取得しているが、在日3世としての出生や、在日の支援活動が標的にされたとみられる。

懲戒請求者を訴えた裁判では、大半が賠償を認められた。19年5月の東京高裁判決は「民族的出身に対する差別意識の発現」と指摘。別の6月の東京地裁判決も「人種差別撤廃条約に規定される人種差別に当たる」とした。

「差別を許さない社会をつくるべきだ」。金さんは最も責任を問われるべきは、ブログ主宰者だと考えている。

同じく大量の懲戒請求を受けた弁護士、北周士さんも、他の弁護士とブログ主宰者を刑事告訴する準備を進める。「放置すればエスカレートし、メディアなど他の業界に対しても攻撃があおられるなど悪影響が及ぶ可能性がある」。実体の見えないネット上の扇動が、現実社会を脅かす現状への懸念を口にした。

対話して理解「希望捨てぬ」

〈私は、私のこと、あなたがやったことによって受けた私の気持ちを知ってほしいと思い、この手紙を書くことにしました〉

朝鮮学校への補助金交付に絡み、全国の弁護士への懲戒請求を呼び掛けたブログ「余命三年時事日記」の読者から懲戒請求を受けた弁護士の姜《きょう》文江《ふみえ》さん（49）＝横浜市＝は19年、請求してきた人に宛ててこんな手紙を書いた。

受けた懲戒請求は約3千件に上る。在日コリアンだが、補助金交付に対して意見を公にしたことはない。16年、川崎市で在日への差別的言動を繰り返すヘイトデモについて、禁止を求める仮処分の申し立て代理人を務めたことが理由だったとみられる。

懲戒請求をしてきた約１１００人に慰謝料を払うよう求める通知を送ると、約７２０人から「脅迫に当たる」として提訴された。だが、提訴後に突然、25人が訴えを取り下げてきた。姜さんはこの25人に、自分の在日コリアンとしての生い立ちや、気持ちを手紙で伝えようと思い立った。

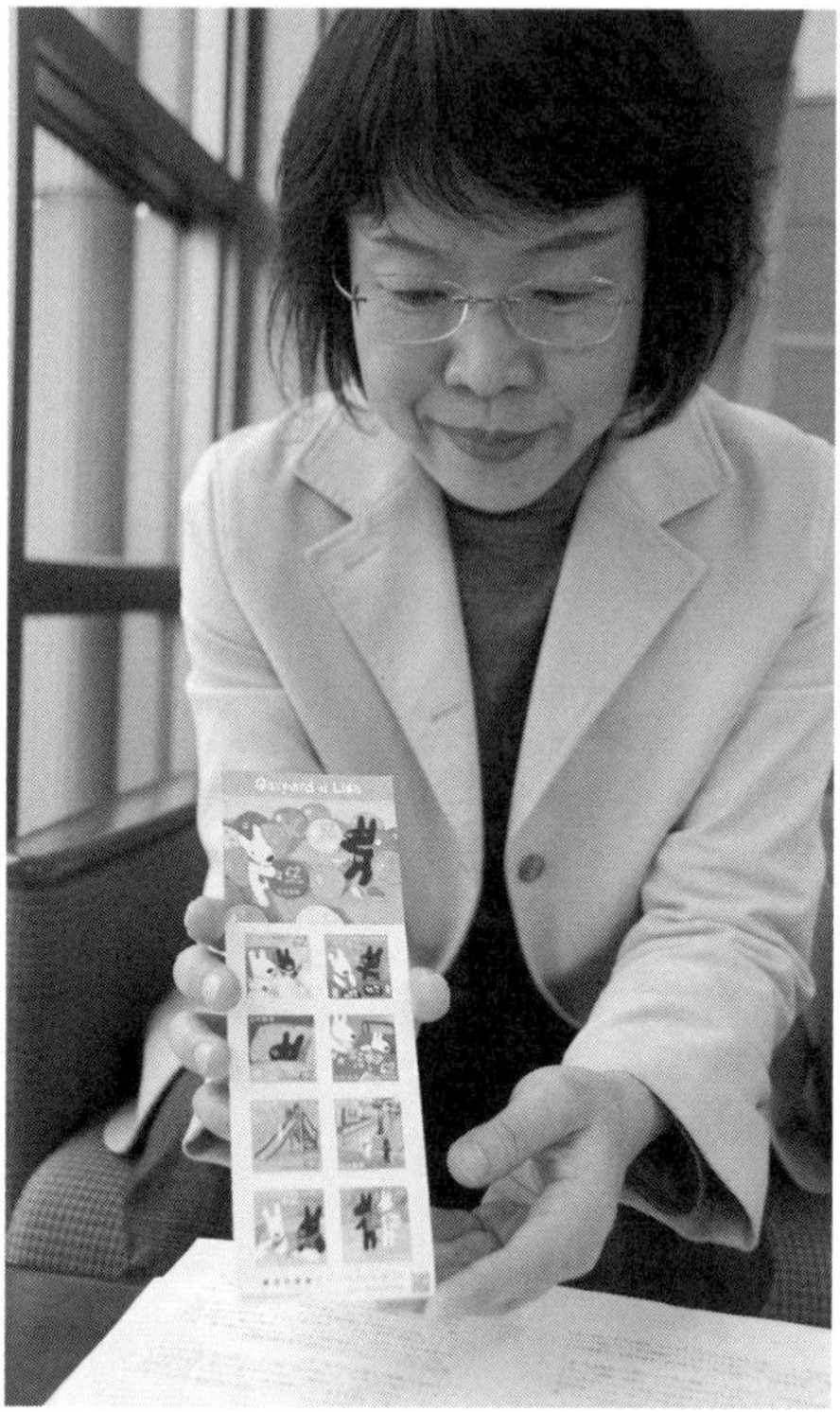

懲戒請求者から送られてきた切手シートを見せる姜さん。フランスの人気絵本「リサとガスパール」のキャラクターがデザインされていた

在日2世の父親と、日本人の母親の間に生まれ、特に在日を意識することなく育った。小学校の修学旅行で広島市を訪れた際、平和記念公園で韓国人原爆犠牲者の慰霊碑を見学し、在日の被爆者に話を聞いた後、引率した教員が姜さんを指して「みんなの中にも在日コリアンの子がいるんだよ」と言った。

在日であることを隠していたわけではなかったが、友人たちが驚いていたのを今も覚えている。だが、友人たちは姜さんへの態度を変えることはなかった。

13年、東京・新宿で「朝鮮人は殺せ」と叫ぶデモを見て、恐怖に足がすくんだ。この経験から、川崎市のヘイトデモに対する仮処分や、ヘイトスピーチを規制する同市の条例整備に関わった。だが、在日であることを理由に自分が直接攻撃されたのは、今回の懲戒請求が初めてだった。

〈日本は私の故郷だと思っています。ただ、自分の中に半分ある韓国朝鮮のアイデンティティも大事にしたいので、姜文江という名前で生活しています〉。手紙には自分の生い立ちや新宿での体験、懲戒請求によって差別されたと感じたことをつづった。

〈あなたが、あなたという唯一のかけがえのない一人の人間であるのと同じように、私も在日コリアンであるだけでなく、いろいろな経験を積んで今まで生きてきた、一人の個性ある生身の人間です〉。だから、個性を持った人間であることが無視され、差別されることは許せなかった――。手紙を書きながら「どれだけ伝わるのだろう」と思いつつ、〈返事をお待ちしています〉と締めくくった。

ブログの呼び掛けで懲戒請求を受けた弁護士が、主宰者の刑事責任を問おうとする背景には、差別に対して厳罰で臨むべきとする社会の潮流がある。16年施行のヘイトスピーチ対策法[*5]は罰則のない理念法だったが、19年12月には全国初の刑事罰を盛った川崎市の差別禁止条例が成立した。

姜さんもエスカレートする差別行為には強い法的対処が必要と考えている。ただ、それだけでは不十分だという思いもある。「個人と個人がつながって対話し、相手を知らなくては根本的な解決はない」と感じるからだ。

手紙を送った25人のうち9人と和解契約書を交わしたが、手紙への返事を書いてきた人はいなかった。ただ、このうち1人は、和解契約書に本来は添付する必要がない切手シート1枚を同封してきた。

切手のデザインはフランスの人気絵本「リサとガスパール」。犬ともウサギともつかない動物が、周囲に違和感を抱かれず溶けこみながら人間と暮らしていく物語だ。

相手の真意は分からない。それでも姜さんは「話し合えば、理解し合えるという希望は捨てたくない」と語った。

友との出会い「祖国に色」

インターネットなどで、ともすれば差別や偏見の目にさらされる在日コリアン。差別解消を目的とした法規制が進む一方、ネットの呼び掛けにより大量の懲戒請求を受けた弁護士の姜文江さんのように、在日としての生い立ちや胸の内を、ヘイト感情を募らせる人たちに伝えようと試みる人もいる。

知らないことは、差別や偏見の芽となり得る。戦前から日本で生きる人々やその子孫、そして、仕事や結婚などで戦後に日本に移住してきた人たちは、どのような背景を抱え、どんな思いで暮らしているのだろうか——。「在日」として歩む人々のありのままの姿を伝えたいと思い、記者も取材を進めた。

「よーい、はい！」。コーチが声を張ると、20人ほどの選手が一斉に泳ぎ始めた。2020年3月初旬、長野県松本市内の室内プール。最初は水の感触を確かめるようにゆったりと泳ぎ、徐々にスピードを上げていく。

前方の選手に追いつかんばかりの速さで泳ぐ1人の選手がいた。在日コリアン4世の李《リ》慧京《ヘギョン》さん（15）だ。しっかりとした体格を生かしたダイナミックなフォーム。周りに上がる水しぶきが、まるで透明な羽のように見えた。

1969（昭和44）年に長野県麻績村で開校した長野朝鮮初中級学校[*6]（松本市）に通いながら、市内のスイミングスクールで10年余り水泳を続けてきた。昨夏の北信越中学総体では100メートル背泳ぎで優勝。

20年春から都内の朝鮮高校に進学した。新型コロナウイルスの影響で現在は筋力トレーニングに励み、近く、都内のスイミングスクールで本格的な指導を受ける予定だ。

2004年12月、京都市で生まれた。3歳の時に父親の相範《サンボン》さん（46）＝大津市出身＝の仕事の都合で松本市に移住。水泳は両親の勧めで始めた。初級部4年（小学4年）の頃には、全国大会のジュニアオリンピックに出場するなど頭角を現していた。

プールで練習する李慧京さん。４キロを２時間で泳ぐ合間、仲間と会話を交わして白い歯を見せていた＝2020年３月、松本市

中級部1年（中学1年）の時、部屋でテレビを見ていた慧京さんの耳に、相範さんの興奮した声が届いた。「慧京！朝鮮の強化選手に招待された！」。これまでの成績が認められ、「朝鮮民主主義人民共和国（北朝鮮）国家代表チーム」の練習に呼ばれた。

だが、慧京さんは心が落ち着かなかった。学校では朝鮮語を話していたが、北朝鮮は一度も訪れたことはなく、知り合いもいない。「私の朝鮮語は通じるのかな」「誰も私のことを知らないのに行っても大丈夫かな」。「祖国」はあまりにも遠く感じられた。

18年春、北朝鮮で約1カ月の日程で行われた練習。

初日、緊張で表情をこわばらせていた慧京さんに、北朝鮮の強化選手のリ・ソンイさんが声を掛けてきた。「大丈夫だよ。一緒に頑張ろう」。約160センチの慧京さんと同じくらいの身長に、髪を一つに結んだ利発そうな顔。慧京さんは緊張感がほぐれていくのを感じた。「ハンボンド（もう1回）」「ラスト！」と朝鮮語や英語を交えて励まし合い、きつい練習を乗り切った。

ソンイさんは慧京さんと同じ15歳。日本から来たことを知って「どこで朝鮮語を習ったの？」と聞くソンイさんに、慧京さんは「在日を知らないんだ」と驚いた。長野朝鮮初中級学校の授業の様子や、同級生たちのことを教えてあげると、ソンイさんは興味深そうに耳を傾けていた。

最終日、ソンイさんは慧京さんに1冊のノートを渡した。表紙には「私も慧京のように素晴らしい水泳選手になれるように、練習を頑張るよ。今よりもっと強くなって、また必ず会おうね」。朝鮮語でそう書かれていた。

慧京さんはソンイさんと出会うまで、北朝鮮で暮らす同世代の存在は想像もつかなかった。だが「ソンイは無色だった祖国に色をつけてくれた」。オリンピックの舞台に「ソンイと一緒に立ちたい」という思いが、今は夢に向かう原動力になっている。

応援の声は国籍を超えて

「オンニ（お姉さん）！」。20年3月15日、松本市の長野朝鮮初中級学校で開かれた卒業式。都内の朝鮮学校に進学する李慧京さんを下級生の女の子たちが囲み、わんわんと泣き声を上げて別れを惜しんでいた。その小さな体を、慧京さんも目に涙をためながら笑顔で抱き締めた。

同校には幼稚園に当たる幼稚班から、中学校に当たる中級部まで約50人が通う。上級生は下級生の面倒を見る機会が多く、長い時間をきょうだいのように過ごす。卒業式は新型コロナウイルスの影響で規模を縮小して行われたが、校内は例年通り、涙と笑いが入り交じりつつ温かい雰囲気に包まれた。

長野朝鮮初中級学校を含め全国に約60校ある朝鮮学校（文科省調べ）にはプールがない。同校の部活では女子は舞踊、男子はサッカーや伝統楽器の演奏に取り組む。

父親で3世の相範《サンボン》さんは長くサッカーを続けてきたことから、慧京さんにスポーツを勧めた。相範さんの父親は、滋賀県内の朝鮮学校の校長や、在日本朝鮮人総連合会（朝鮮総連）の仕事を務めた。相範さんと京都市出身の妻はともに大学まで朝鮮学校で学び、娘を朝鮮学校に入れるのは「当然の流れ」だったという。

慧京さんが北朝鮮の強化選手に選ばれたこと*7について聞くと、相範さんは娘を誇らしく思うとする一方で、「出場国は大会に出場するための手段」と割り切った考えを口にした。慧京さんの国籍は韓国だが、北朝鮮からパスポートの発給を受ければ北朝鮮代表として出場でき、その方が五輪出場のチャンスはつかみやすい

卒業式で泣いて別れを惜しむ下級生と一緒に笑顔で写真に写る李慧京さん（中央）

からだ。

北朝鮮での練習で同じ年の水泳選手リ・ソンイさんと出会い、互いに励まし合った慧京さんも、どの国の代表選手として出場するかということ自体には、特にこだわりがあるわけではないという。一方、慧京さんを応援してくれる同世代は北朝鮮や在日の人だけでなく、日本人にもいる。

その1人が同じスイミングスクールに通い、慧京さんが「ライバルであり友人」という藤松風香さん（15）＝長野市＝だ。藤松さんは18年、慧京さんが北朝鮮代表として世界短水路選手権に出場したと聞き、ふと「韓国じゃないんだ」と不思議に思ったが、それ以上は気に留めなかったという。「国は関係なく、応援したいのは慧京。五輪に出場したら絶対に見に行く」と話す。

19年、長野朝鮮初中級学校の生徒たちと交流した原中学校（長野県原村）の生徒たち。互いに文化祭に招くなどして交流した。交流を発案した1人、田中萌々果《ももか》さん（15）＝岡谷東高校1年＝は「慧京ちゃんが東京五輪に出るなら、めちゃくちゃ応援する」と言う。

慧京さんに朝鮮語を教わったり、恋バナ（恋の話）をしたりして仲を深めた。北朝鮮に対しては「ミサイルの話を聞くと怖い」と感じるものの、北朝鮮代表で五輪出場を目指す慧京さんを応援する気持ちは別だ。今後も一緒に交流した野明薫奈さん（15）＝東海大諏訪高校1年＝と誘い合って、長野朝鮮初中級学校の文化祭に遊びに行きたいと考えている。

東京五輪は新型コロナウイルスの影響で延期が決まり、北朝鮮が選手団を派遣するかもまだ明らかではない。夢の舞台への視界はまだ開けていないが、慧京さんは「自分のタイムが伸びるのはこれから。逆にチャンスだと思う」と前向きだ。頭に浮かぶのは北朝鮮や在日、日本の友人たちの顔。「みんなが応援してくれると思うと、頑張ろうって思える」

東京大空襲を生き延びた在日2世

焼死体が積み重なる凄惨《せいさん》な場面を描いた絵を、食い入るように見る。20年2月、在日コリアン2世、李《リ》賢《ヒョン》鉄《チョル》さん（82）を長野県上田市の自宅に訪ねた。生まれ育った東京での戦争体験を聞こうと記者が持参した東京大空襲[*8]の本を広げ、「本当にひどいもんだった」と声を絞り、語り始めた。

「空襲警報発令！」。緊迫した声が飛んだ。米軍爆撃機の編隊が焼夷弾《しょうい》の雨を降らせ、一帯は火の海と化した。

1945（昭和20）年3月10日。6歳だった賢鉄さんは東京都深川区（現江東区）で東京大空襲に遭った。警報の音は今でもよみがえる。「ウー、ウーってね。高校野球の試合前のサイレンとそっくりで、聞くと胸がざわつくんだ」

両親と5人きょうだいは、住んでいた長屋近くの防空壕に逃げ込もうとしたが、人がいっぱいで入れなかった。その長屋に暮らしていた朝鮮人は賢鉄さん一家だけ。「だから入れてもらえなかったんじゃないか」。今、そんな疑念を確かめるすべはないが、当時の痛みとして残っている。

一家はリヤカーに家財を積み、炎の中を逃げ惑った。火の粉で脚をやけどし、激しく泣く幼い妹。父親はリヤカーを捨て、水でぬらしたじゅうたんを家族にかぶせた。

全員生き延びることができたが、夜が明けると、賢鉄さんの眼前には焼け野原が広がっていた。性別も分からない真っ黒な死体をまたいでたどり着いた公園にも焼死体の山。頭と足をつかまれて投げられる亡きがらは「人間扱いじゃなかった」。

東京の下町は軍関連企業の下請け工場が多く、朝鮮人労働者とその家族が集住。当時、都内の朝鮮人約9万8千人のうち、空襲などの被災者は4万1千人余に上る。死者は1万人との説があるが、はっきりしたことは分からない。

賢鉄さんは38年3月、朝鮮半島から職を求めて渡日した両親の間に生まれた。父親は九州や北海道の炭鉱などを転々としつつ、自転車の修理などで生計を立てた。東京大空襲の後、墨田区の長屋に身を寄せ、そこで終戦を迎えた。

子どもだった賢鉄さんは、両親の日本語の発音が他の日本人と違うことが気になった。「ニンニク臭い」と周囲の日本人に言われたこともある。自宅近くに朝鮮学校があったが、高校まで日本の学校で通した。通名（日本名）を名乗り、母親に「弁当にキムチは入れないで」と頼んだ。

高校卒業後、都内の電化製品販売会社に就職を決めたが、住民票の提出を求められ「在日だということがばれてしまう」と翌日、退社を申し出た。差別や偏見の目は今よりも強かった。恐怖で悔しさを押し殺し、在日コリアンであることを隠して生きてきた。

その後、親類のつてを頼って長野市の映画館などで働き、結婚して上田市でトラック運転手として働いていた69年、聖高原（長野県麻績村）の旧ホテルに長野朝鮮初中級学校が開校した。徐々に在日との交流が広がり、通名ではなく本名の朝鮮名も名乗れるようになった頃だった。まだ自分の子どもはいなかったが、ロッカーを運び、風呂を作って開校準備を手伝った。「自分たちの学校をつくるんだ」。日本社会にやっと居場所を見つけられたような気がして、

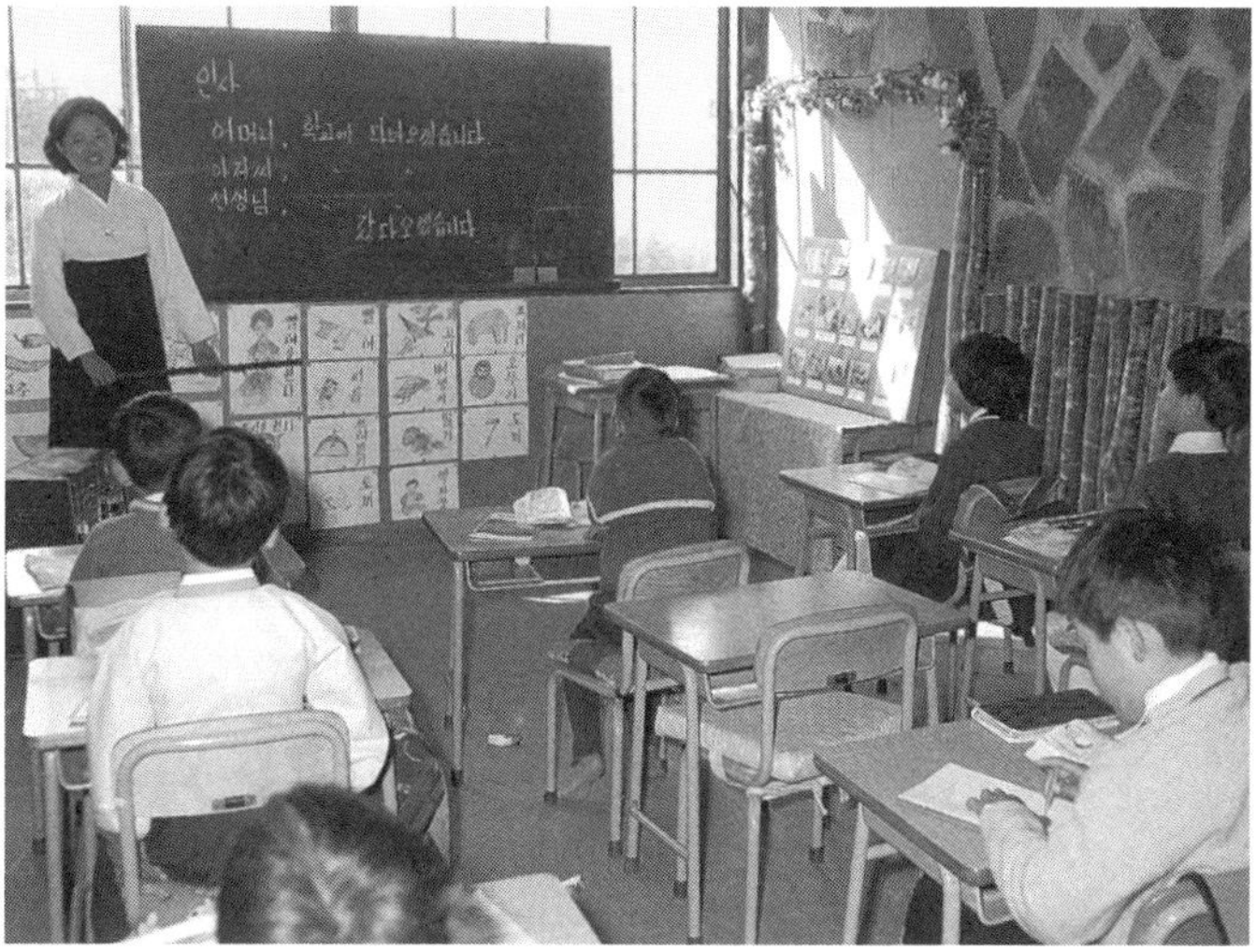

旧ホテルを改装して開校した当時の長野朝鮮初中級学校。李賢鉄さんも開校準備を手伝った＝1969年11月、麻績村（長野朝鮮初中級学校提供）

熱い思いが込み上げた。

77年、上田市内に焼き肉店を開店した。2人の子どもは同校を卒業。朝鮮大学校（東京都）に進んだ長男の一昊《イルホ》さん（49）が店を継ぎ、5人の孫もいる。

日本社会で差別されてきた自分たちに、在日コリアンとしての誇りを取り戻させてくれた朝鮮学校はいま、高校や幼保無償化の対象外とされている。賢鉄さんは「（無償化の財源の）消費税は取っておきながら、なぜ対象外なのか」と憤りを隠さない。

一方、成長する孫たちには、戦争や差別を乗り越えてきた自分の境遇を重ねる。「平和な社会で差別されずに育ってほしい」。在日1、2世の体験と記憶は、次世代の生き方に大きく影響していく。

交錯する朝鮮籍への感情

焼いた肉の甘い香りが漂う。20年3月、上田市の焼き肉店「大昌園」を訪ねた。「いらっしゃい！」と威勢のいい声で迎えてくれたのは、半袖のTシャツに腰エプロンを巻いた李一昊さん。「煙も味のうち。換気扇は最低限の数しかつけません。昔ながらのスタイルなんですよ」と人懐っこい笑顔を浮かべた。

一昊さんは、東京大空襲を体験した在日コリアン2世の李賢鉄さんの長男。店は父親の代から数えて今年で創業43年を迎え、壁の染み一つ一つに愛着があるほどだ。いまは新型コロナウイルスの影響で経営は厳しいが、店の雰囲気や一昊さんの人柄に引かれて通い続けてきた常連客は少なくない。

一昊さんは「朝鮮籍[*9]」だ。若い頃、上田市役所の窓口で職員に「韓国籍に変えた方がいい」と言われたことがある。理由や何の手続きだったかは覚えていないが、当時、職員が朝鮮籍を「北朝鮮籍」だと勘違いし、悪いイメージを持ったのではないかと感じたことを記憶している。

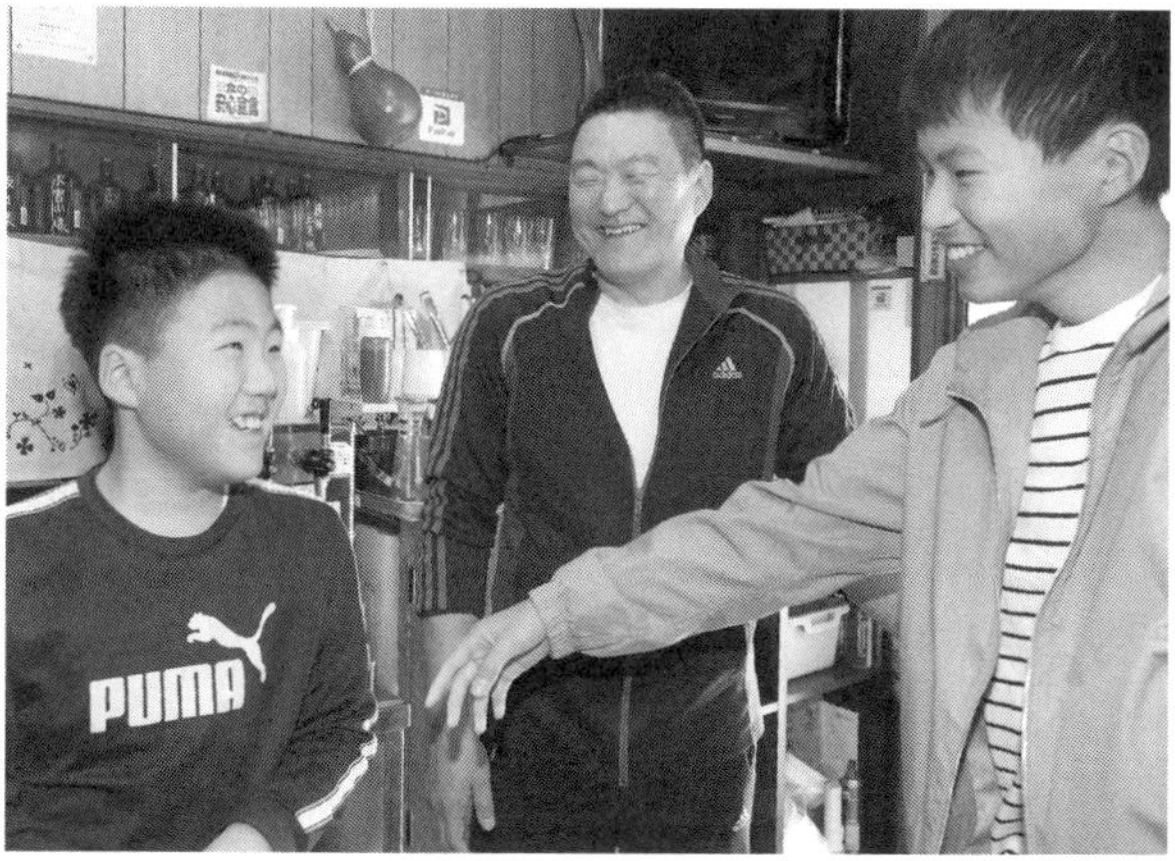

経営する焼き肉店で話す李一昊さん（中央）。世界の国の首都を言い当てるゲームをする潤紀さん（右）と椋紀さんの姿に顔をほころばせた＝上田市

日本は敗戦後の1947（昭和22）年、外国人登録令により国内の朝鮮半島出身者全員を「朝鮮籍」とした。翌年、朝鮮半島は南北に分断。日本では50年に朝鮮籍から韓国籍への書き換えが認められ、韓国との国交も結ばれたが、「北朝鮮籍」は認められていない。こうした朝鮮籍にまつわる歴史的経緯は、日本ではあまり知られていない。

一昊さんは71年、長野市で生まれた。長野朝鮮初中級学校（松本市）から愛知県の朝鮮高校、都内の朝鮮大学校に進学し、長野市の調理師学校を経て焼き肉店を継いだ。

幼い頃から聞かされていたのは、賢鉄さんの朝鮮籍への思い入れだ。朝鮮半島が日本の植民地だった時代に東京で生まれ、日本人と同じように過酷な戦争体験をした賢鉄さんだったが、戦後は日本国籍を喪失して外国人登録証の携帯を義務付けられ、93年の改正外国人登録法施行までは指紋を取られ続けた。

「戦時中は日の丸を掲げろと言われ、戦争が終わったとたんに外国人にされた」。賢鉄さんは今に残る朝鮮籍こそが自分の不条理な体験を象徴していると考え、今も変えるつもりはない。

一昊さんも南北に分かれる前の朝鮮を家族のルーツとして大切にしたい――と、朝鮮籍を維持している。ただ、3世ともなれば、在日の友人の中には仕事の都合や、生活のしやすさから韓国籍や日本国籍を取得する人は多い。

賢鉄さんから聞いた体験や、在日1世として肉体労働の現場を点々としながら苦労したであろう祖父母への思い、朝鮮半島の統一を願う気持ち――。一昊さんは、朝鮮籍へのさまざまな感情を交錯させながら「生きにくさを理由に負けたくないという、意地のようなものかな」。一方、長野朝鮮初中級学校に通う長男の潤紀《ユンギ》さん（13）、次男の椋紀《リャンギ》さん（11）については揺れる気持ちがあるという。

鉄道ファンの潤紀さんは、架空の路線図を作ったり、地図を眺めたりするのが好きだ。世界の国や首都の名前を一昊さんや椋紀さんと競うように覚え、ほぼ暗記している。将来はインターネットを使う仕事をするために「幅広いアイデアをたくさんの人と共有したい」と夢を描く。

まだ潤紀さんと国籍について深く話したことはない一昊さんは、「もし留学したいと思うようになったら、渡航制限がある朝鮮籍は苦労するかもしれない」。一方、妻で在日3世の金秋玲《キムチュリョン》さん（43）は「朝鮮半島の情勢が良くなれば、朝鮮籍の立場も良くなるのでは」としつつ、自分は祖父の代から韓国籍。「国籍で人間が決まるわけでもない。息子たちが変えたいなら反対しない」と話す。

3世代の思いを知って朝鮮籍を残してほしいと思う半面、今を生きる子どもたちにそれをどのような言葉で伝えればいいのか——。一昊さんは「正直、その時になってみないと分からない。歴史をつないでいくということは、なかなか難しい」。

日朝関係に揺さぶられる在日社会

〽祖国からお金を送ってくれるとは　夢にも思いませんでした……。

2014年2月、北朝鮮東部のスキー場。松本市の在日コリアン3世の40代男性は、在日が戦後、朝鮮学校設立に財政支援してくれた「祖国」への感謝を込めて歌い継いでいる歌を披露した。すると、集まっていた現地の子どもたちが思いもよらず手拍子し、声を合わせてきた。

長野朝鮮初中級学校（松本市）出身で、得意のスキーを「朝鮮の子どもに教えてほしい」と在日本朝鮮人総連合会（朝鮮総連）から依頼された。北朝鮮に約2週間滞在し、平壌《ピョンヤン》市内ではカラフルなダウンコート姿の子どもたちや、家族でにぎわう屋内プールを目にした。「外から来た人にはいいところだけ見せている」との見方があることを承知しつつ、行動を制限されることもなかった男性の目には、人々の営みは日本とそれほど変わらないように映った。

02年9月、日朝首脳会談で当時の金正日《キムジョンイル》総書記が小泉純一郎首相に日本人拉致[*10]を認め、謝罪した。男性は北朝鮮に対して怒りが込み上げた。

ただ、これまでに4回訪問し、今も在日の存在を知っている子どもたちと出会った北朝鮮は、日本では「悪い国というイメージだけが広まっている」。北朝鮮は、在日がよりどころとし、いまは自分の子どもたちが通う朝鮮学校を支援してきた歴史がある。


長野朝鮮初中級学校の卒業生や教員との出会いをきっかけに、記者は2年にわたって同校を中心とした在日社会を取材してきた。生徒や親たちと接する中で印象的だったのは、弾道ミサイル発射や核開発などでたびたび脅威が伝えられる北朝鮮の指導者を「崇拝」しているというイメージと、「祖国」に愛着を持ちつつ、日朝関係に揺さぶられ、思い迷う在日1人1人の姿のギャップだった。


「自分にできることをしなければ後悔すると思った」。20年4月中旬、匿名で取材に応じた別の在日コリアン男性は、17年前の出来事をこう振り返った。

北朝鮮が日本人拉致を認めて謝罪したことは、在日社会に大きな衝撃を与えた。各地の朝鮮学校には脅迫めいた電話もあった。

長野朝鮮初中級学校の卒業生ら長野県内の有志は03年、日朝両政府に拉致問題の人道的解決と、在日の権利保障を嘆願する600人分余の署名を朝鮮総連中央本部（東京都）に提出。男性も署名に加わった。

かねて北朝鮮や朝鮮総連は拉致を否定してきただけに、男性の周囲にいる在日の動揺は激しかった。仲間の1人は「戦時中は日本も朝鮮人を拉致しただろう」と主張した。「それは話が違う。悪いことは悪いと認めるべきだ」。男性は反論した。

男性の祖父は戦時中、朝鮮半島から長野県内の工事現場に動員された。一家は信州に根を下ろしたが、妻の親族には戦後、北朝鮮に帰国した人もいる。北朝鮮と在日を同一視したバッシングには理不尽さを感じたが、北朝鮮と家族のつながりがあり、自分のルーツもある朝鮮半島と日本の友好を願う自分は、拉致問題と向き合わなくてはならないと感じた。

日朝首脳会談以降、在日コミュニティーから離れたり、子どもを朝鮮学校に入れなかったりした人もいる。一方、在日の中には「謝罪したのに日本は拉致問題を強調しすぎる」「独裁体制や核・弾道ミサイル開発は朝鮮戦争が継続中なので、自衛のために必要」と、北朝鮮を擁護する声が根強いのは事実だ。

署名に対し、総連側の反応はなかった。北朝鮮と在日の間でデリケートな立場となった総連に向けて、公に署名嘆願を行うことは適切ではなかったと後悔している人もいるという。男性は「北朝鮮に対する個々の在日の思いは多様で複雑。何を信じ、どこに向かえばいいのか、みんな迷っている」と話した。

韓国の若者にとっての兵役

東西冷戦を背景に朝鮮半島の主権を巡って勃発した朝鮮戦争は20年6月25日、開戦から70年を迎えた。戦争は1953（昭和28）年に休戦協定が結ばれたが、いまだ終結には至っていない。植民地支配後の朝鮮半島で起きた戦争で、日本は米軍の基地となり、機雷掃海などに参加。物資補給などによる「特需景気」で戦後復興を果たすなど、深く関わった。

国際法上は今も戦争状態の韓国は、男性に兵役義務を課しており、日本で暮らす韓国人の中にも経験者は少なくない。日本では韓国のアイドルや俳優が就く時ぐらいしか話題にならない兵役だが、今を生きる韓国人にとってどのような体験なのだろう。

20年4月、長野市中御所の在日大韓基督教会長野教会。91年設立の同教会には主に80年代以降、結婚や就労などで韓国から日本に移住した「ニューカマー」[*11]や、留学生らが毎週日曜日に礼拝に通う。この日は新型コロナウイルスの影響で礼拝はインターネットで配信。教会で祈りを捧げた人たちも、互いに間隔を空けて着席していた。

後方の席にマスク姿で座っていた信州大大学院総合理工学研究科修士2年の崔麟洙《チェインス》さん（27）は韓国・京畿道南楊州《ナミャンジュ》市出身。留学で18年に来日した。キリスト教徒の家庭に育った崔さんは韓国の大学2年生だった15年から、21カ月の兵役を経験した。「軍隊の情報もあるので、どこまで話していいのか……」とためらいつつも、言葉を選びながら語り始めた。

軍事境界線をまたぐ京畿道漣川《ヨンチョン》郡の陸軍部隊に入隊し、実戦訓練を受けた。移動式の火砲を大型車両につないで移動させながら素早く正確に狙いを定める訓練は2日間、眠ることなく続き、体力、精神ともに限界を感じたという。

約3キロを走る体力トレーニングで一日が始まり、日中の訓練を経て、消灯は午後10時。現在は隊内で使用可能となったスマートフォンも当時は禁止され、「余計なことは考えず、無心で乗り切るしかなかった」と言う。

崔さんの友人で、同じく留学生の同大学院総合理工学研究科修士2年、金勇秀《キムヨンス》さん（25）も兵役経験者。「自分は外国人なので、絶対に新型コロナの感染源になったらいけない」。ネットを通じた取材なら応じるという金さんに、日本人がどんな視線を在留外国人に向けているのか意識させられた。

韓国の大学1年の時、陸軍部隊に入隊。銃の構え方や装甲車の運転を身に付けた。20キロの荷物を背負って山中を夜通し歩く訓練もした。過酷な経験だったが、「部隊のボディービルコンテストで入賞したので、特別に休暇がもらえた」と振り返った。

「地獄のような体験」と語る経験者が少なくない兵役は、韓国の男性たちの共通体験として、連帯感を生み出すのに一役買っているようだ。

金さんは「友だちと兵役の話をすると『自分の方が辛かった自慢』が始まる」。崔さんも飲み会で「話し始めると止まらなくなる」と言う。訓練で死にかけた、軍歴が長い年下にこき使われた――。教会に通う信徒や留学生同士の間でも話題に上ることは多い。

2人とも実際に戦争を意識する機会はほぼない。ただ、幼い頃から「兵役は大変だよ」「覚悟しておきなさい」と言われて育った。軍隊を取り上げた韓国のドラマや映画は日常的に目にする。「できれば行きたくない」という気持ちは、次第に「兵役は韓国人として避けられないもの」という考えに変わった。

兵役については日本人の学生に話しても「あまり伝わらない」のが実感だ。兵役の経験は韓国人にとってどういう意味を持つのか――。崔さんは少し考えてから言った。「年齢や社会的立場が違う人がみんなで『国のために働く』という特別な体験をすることで、団結心や仲間意識ができるんだと思う」

「えっ、兵役?」友人の驚き

教会の窓からドラムの軽快なリズムが聞こえる。20年4月、長野市の在日大韓基督教会長野教会で、長野東高校2年の崔炫祐《チェヒョンウ》さん(17)が流行のJ-POPを演奏していた。「今好きなのは『髭男《ヒゲダン》』(Official髭男dism)かな」。スティックを手に、はにかんだ。

父親の和植《ファシク》さん(48)は同教会の牧師だ。炫祐さんが2歳だった05年に韓国・ソウルから家族で来日し、都内で日本語を学んだ後、岐阜県大垣市の教会に赴任した。11年3月末、再び異動で長野市に移住した。

父はギター、母はピアノ、姉はフルートを演奏する音楽一家。炫祐さんは裾花中(長野市)在学時はバスケットボールに打ち込んだが、現在は「勉強がやばいから」と部活動はしていない。今は新型コロナウイルスの影響で休校となり、相棒のドラムをたたいて過ごす日々だ。

そんなごく普通の高校生として過ごす炫祐さんは、満18歳になると韓国の兵役義務[*12]が課される。

「えっ、兵役?」。炫祐さんが高校の友人たちと進学先や将来について話している時、「自分は兵役に就くかもしれない」と言うと、驚かれた。友人たちは炫祐さんが韓国人で、韓国に兵役制度があることは知っていたが、いつも一緒にゲームをしたり、勉強したりしている炫祐さんとは、どうしてもつながらないようだった。

「そういうことにも直面するんですね……」。裾花中1年の時の担任で、炫祐さんが今も信頼を寄せる信州大付属長野中（長野市）教諭の中村和孝さん（40）は、記者が取材の中で兵役について触れると、言葉を詰まらせた。

教会でドラムの練習をする崔炫祐さん。J－POPもK－POPも分け隔てなく好きで聴いている

中村さんは16年、平和学習の一環で朝鮮人労働者が動員された松代大本営地下壕（長野市）に生徒たちを引率した時、日本側の見方を韓国出身の炫祐さんがどのように受け止めるか気に掛け、説明する内容を事前に炫祐さんや両親に伝えた。生徒が背負う異国の歴史や文化に配慮して接してきたが、兵役までには想像が及ばなかった。「自分も含め、韓国人、炫祐君の境遇を知らない人は周囲に多いと思う」とおもんぱかった。

日本人と変わらない生活を送る炫祐さんについて、父親の和植さんには「軍隊で周りになじめるだろうか」との不安がある。自身も24、25歳の頃に兵役を経験。陸軍部隊で検問所に詰め、脱走する兵士がいないか見張った。炫祐さんは家庭では韓国語を使っているため日常会話は問題ないが、兵役に対する心構えや、周囲の同世代との意識の差はやはりあるだろうと感じる。

2歳で来日し、家族滞在ビザで長期在留する炫祐さんは、韓国に兵役の延期を申請すれば、結果的に免除となる可能性がある。それでも将来、韓国に永住する場合などには改めて兵役義務が課される。和植さんは炫祐さんが兵役に就くことは「韓国人である以上、避けられない」としつつ、心配は尽きない。

「兵役は大変だよ」。炫祐さんは、教会に礼拝に来る崔麟洙さんからよく言われる。ちゃかした口調に笑って応じつつ、体験談を聞く時は真剣な表情になる。

兵役は「重荷」と感じるのか。「怖さ半分、楽しみ半分。韓国人だけれど韓国に友だちがいないので、共通の経験を通して友だちができるといいなって思う」

将来は好きな英語を使う仕事に就きたいと考えている。世界を広げたいという願いの一方で、生まれ故郷とのつながりも感じたいという気持ちも伝わってきた。

「今後の人生の選択肢は一つかもしれないし、二つになるかもしれない。その時に、自分なりに考えたい」と言う炫祐さん、自分に懲戒請求をした人に手紙を書いた在日3世の弁護士姜《きょう》文江《ふみえ》さん（49）、北朝鮮代表で五輪出場を目指す4世の李《リ》慧京《ヘギョン》さん（15）、戦禍や差別に遭いながら平和を願う2世の李賢鉄《ヒョンチョル》さん（82）——。隣国との「境界」で生きる人たちが背負う歴史と未来に、日本人はどこまで想像力を働かせられるだろうか。

※文中に、在日コリアンらに対する差別や偏見に基づくヘイト（憎悪）表現が登場しますが、信濃毎日新聞社は差別の実態や深刻さを伝え、少数者に対するヘイトクライム（憎悪犯罪）を許さない社会をつくる目的から、こうした表現をそのまま記載しました。

＊1　**弁護士の懲戒制度**　弁護士や弁護士法人に弁護士法違反や「品位を失うべき非行」などがあった場合、所属弁護士会が戒告や2年以内の業務停止、除名などの懲戒を行う。懲戒請求は誰でも行うことができ、請求を受けた弁護士会の綱紀委員会が調査した上で懲戒委員会が議決する。制度を巡っては２００７年、橋下徹元大阪市長がテレビ番組で、山口県光市の母子殺害事件の被告弁護団に対して懲戒請求するよう呼び掛けた発言が問題となり、発言が不法行為に当たるかを争点とした訴訟に発展した。

＊2　**朝鮮学校**　日本の幼稚園に当たる幼稚班から、大学に相当する大学校まであり、朝鮮籍のほか、韓国籍、日本国籍の子どもも通う。朝鮮語を基本とした民族教育を行い、学校教育法上は「各種学校」に当たる。北朝鮮を支持する在日本朝鮮人総連合会（朝鮮総連）が支援しており、韓国を支持する在日本大韓民国民団（民団）は別の学校を支援している。全国に約60校あり、５２２３人（２０１９年5月1日現在）が在籍。長野県内には松本市に長野朝鮮初中級学校があり、県や松本市が補助金を交付しているが、国からの補助金はない。

＊3　**憲法第89条**　公金や公の財産は、宗教上の組織や団体、または「公の支配に属しない慈善、教育若《も》しくは博愛の事業」に対して支出、利用することを禁じる条文。「公の支配」とは「会計や人事などが国、あるいは地方公共団体の監督下にあること」とされている。朝鮮学校は都道府県が学校教育法上の「各種学校」として認可し、運営状況などを把握することになっていることから、「公の支配」の要件を満たしており「財政補助することは可能」（文部科学省大臣官房国際課）。一方、国は北朝鮮の拉致問題などを背景に、朝鮮学校と在日本朝鮮人総連

合会（朝鮮総連）との関係を指摘し、高校無償化や幼保無償化制度から除外している。

＊4　**新たな在留管理制度**　２０１２年、不法滞在者も対象だった外国人登録制度が廃止され、正規滞在者だけを住民登録する新たな在留管理制度が始まった。中長期にわたって合法的に在留する外国人には、外国人登録証明書（外登証）に代わって「在留カード」を交付。常時携帯が必要な在留カードとは別に、戦前から居住している在日コリアンらには「特別永住者証明書」を発行し、常時携帯義務をなくした。一定期間のうちに外登証から特別永住者証明書に切り替えなかった場合、罰金などの罰則規定はあるが、出入国在留管理庁は「在留できなくなることはない」としている。

＊5　**ヘイトスピーチ対策法制**　２０１６年施行の「ヘイトスピーチ対策法」は、国外出身者やその子孫の排除を扇動する不当な差別的言動はあってはならないとし、国や自治体に対策を求めている。公の施設の利用制限を定めるなどガイドラインや条例を設ける自治体は徐々に増え、川崎市では19年12月、ヘイトスピーチ対策として全国初の刑事罰を盛った差別禁止条例が成立。差別的行動を繰り返すと刑事裁判を経て、最高50万円の罰金が科される。表現の自由を守る観点から、罰則までに複数の段階を設け、インターネット上の言論については罰則規定から除外している。

＊6　**長野朝鮮初中級学校**　朝鮮学校は１９４５（昭和20）年の日本の敗戦後、日本に残った朝鮮人が子どもに母国の文化を学ばせようと各地に設けた寺子屋式の国語（朝鮮語）教習所に始まる。長野県内にも複数あり、69年、麻績村の聖高原の旧ホテルを活用して長野朝鮮初中級学校が開校した。71年に松本市蟻ケ崎に完成した自前の校舎に移転。99年、現在地の同市島内に移った。ピークの70年代初頭には約２２０人が在籍。現在は幼稚班（幼稚園相当）から中級部（中学校相当）まで計51人が松本市や上田市、長野市から通っている。

＊7　**北朝鮮代表を目指す在日コリアンの選手**　東京五輪・パラリンピックに北朝鮮代表として出場を目指している在日コリアンの選手は、競泳女子の李慧京《リヘギョン》さんのほか、空手女子の高智蓮《コウチリョン》さん＝松本市出身＝や、空手男子の宋尹学《ソンユナク》さん＝大阪府出身＝らがいる。高さんは長野朝鮮初中級学校（松本市）の卒業生。一方、柔道男子で２０１８年の世界選手権を制した安昌林《アンチャンリム》さん＝京都府出身＝ら、韓国代表として五輪出場を有力視される在日選手

もいる。

＊8　**東京大空襲**　１９４４（昭和19）年7月のサイパン島陥落で、日本本土は米軍の爆撃機Ｂ29の爆撃圏内に入り、本土空襲が激化。45年3月から6月まで沖縄戦が展開される一方、主要都市には空襲が繰り返された。東京には１００回を超える空襲があり、同年3月10日未明の東京大空襲では、約３００機の爆撃機が大量の焼夷弾を投下。江東区、台東区、墨田区など人口が密集していた下町を中心に甚大な被害をもたらした。一晩で約10万人が亡くなったとされる。

＊9　**朝鮮籍と永住権**　１９６５（昭和40）年の日韓基本条約に基づき、朝鮮籍から韓国籍に変更した人は25年間の「協定永住」が認められ、在日コリアンの韓国籍への書き換えが進んだ。さらに91年の入管特例法により、朝鮮籍、韓国籍を問わず子孫までの永住権が認められた。出入国在留管理庁は、朝鮮籍は特定の国籍を意味せず「出身地域を表している」とする。同庁によると、韓国籍は45万１５４３人、朝鮮籍は2万８９７５人（２０１9年6月現在）で、特別永住者に占める朝鮮籍の割合は1割以下。朝鮮籍の人は政治情勢などによって海外への渡航が制限され、保守政権下の韓国には入国できないケースが相次いだ。また、永住資格を持つ外国人が出国後に再入国する際の「再入国許可」については、一般的には出国から1年（特別永住者は2年）以内に日本に戻る場合は許可が不要だが、朝鮮籍の人は都度、許可が必要となる。

＊10　**日本人拉致問題**　１９７０年代から80年代にかけて、北朝鮮の工作員が複数回にわたって日本人を拉致したとの疑惑があり、２００２年9月に小泉純一郎首相（当時）が訪朝して行われた初の首脳会談で、金正日総書記（同）が拉致を認めて謝罪した。日本側は過去の植民地支配の反省と謝罪を表明。国交正常化交渉の再開や、国交正常化後の経済協力、核・ミサイル問題など安全保障問題の解決を明記した日朝平壌宣言に署名した。同年10月、拉致被害者5人の帰国が実現。だが、日本が拉致被害者と認定している他の12人について北朝鮮は「8人は死亡、4人は北朝鮮に入っていない」と主張。日本は「裏付けるものがない」などとして受け入れず、問題は未解決のまま国交正常化に向けた交渉は中断している。

＊11　**ニューカマー**　１９８０年代以降、経済のグローバル化を背景に、仕事や留学、結婚などで日本に移住する

「ニューカマー」の外国人が増え始めた。特に韓国・朝鮮系では、戦前から日本に居住し、戦後に特別永住権を得た「オールドカマー」と対比して用いられる。90年の入管難民法改正では、ブラジルやペルーなどの日系人の子孫に定住や就労が認められ、移住者が増加した。法務省の統計によると、２０１９年６月時点の在留外国人は約２８３万人で、うち韓国・朝鮮籍の特別永住者は約31万４千人。県内の在留外国人は約３万８千人で、このうち韓国・朝鮮籍は３７３３２人、特別永住者（一部に台湾・中国出身者らを含む）は２１０７人。

＊12 **韓国の徴兵制度** 韓国の満18歳以上の男性は国防に携わる兵役義務が課される。徴兵検査を受け、一定の基準を満たせば、陸軍、海軍、空軍などの部隊に入隊する。除隊後の復学や就職を考慮し、学生のうちに休学して入隊することが多い。期間は陸軍と海兵隊が1年9カ月、海軍1年11カ月、空軍2年だったが、２０１８年10月以降、それぞれ2～3カ月の短縮が段階的に始まった。軍部隊のほか、国家機関や地方自治体などに派遣される場合もある。永住資格のある在日韓国人は申請すれば事実上免除されるが、37歳までの間に一定期間、韓国に滞在するなどした場合には兵役義務が課せられる。

識者に聞く…4

ジレンマに触れ　自分に問う

二松学舎大非常勤講師　宮沢剛さん

1950年代半ばごろの在日朝鮮人によって書かれた文学は、作家たちが朝鮮語での作品執筆を在日本朝鮮人総連合会（朝鮮総連）から強いられていた。不慣れな朝鮮語で「金日成《キムイルソン》万歳」という趣旨の作品を書くことに苦痛を感じる人もいました。

在日の作家たちの多くが、日本語で書いた小説や詩を日本の雑誌に発表するようになったのは60年代後半からです。戦前に日本に渡ってきた作家を第1世代とするなら、彼らは第2世代。朝鮮語の強要に反発する一方、日本語でしか作品を書けない自分を責め、悩みました。

在日朝鮮人文学の根底には、このジレンマがある。過去の植民地支配の経緯から、彼らは日本語でしか表現できない。日本を批判しようとしても、それを主張するのは日本語です。日本で朝鮮人としていかに生きるかを模索する主人公が、多くの小説に登場します。例えば芥川賞作家の李《イ》恢成《フェソン》が70年代に発表した小説「伽倻子《かやこ》のために」は、在日2世の青年と、在日に育てられた日本人少女の恋愛と別離が描かれています。

日本の学生に在日朝鮮人文学を教える狙いは、こうしたジレンマに触れ、振り返って日本文学とは何か、日本人とは何かを自分に問うきっかけにしてもらうことにある。差別に至る状況を社会学などの観点から理詰めで説明しても、なかなか伝わらない。在日へのあからさまな差別やヘイトスピーチがインターネットなどにあふれる今、在日朝鮮人文学を教える意義は重みを増していると思います。

朝鮮人なのに日本語しか使えないというジレンマは、世代が重なるにつれて薄らいでいる。2016年に芥川賞候補となって話題となった「ジニのパズル」（崔実《チェシル》著）などを除いて、差別を題材にした作品は少なくなっています。

それでも、在日の作家たちが書いた小説やルポルタージュには、彼らの苦しみがつづられており、排他的な感情があふれかえる今だからこそ読んでほしい。日本人の学生に共感してもらうのは容易ではありませんが、試行錯誤を続けています。

識者に聞く…5

「公共のメディア」自覚が必要

出版社勤務　岩下結さん

2014年に若手出版関係者たちと「ヘイトスピーチと排外主義に加担しない出版関係者の会」をつくりました。当時、中国との間で尖閣問題、韓国との間で竹島問題が持ち上がり、領土紛争という分かりやすい脅威があおられ、インターネットの排外主義が一気に出版界に流れ込んできた。差別を扇動するようないわゆる「ヘイト本」が書店の棚を占拠するようになった状態はやはり異常だと考え、本の「製造者責任」を呼び掛けましたが、今やこうした本は一定の中高年読者層がいる「安定市場」になってしまった感があります。

「嫌中・嫌韓」の背景には外交関係の悪化があるけれど、在日コリアンへの嫌悪感情にはもっと根深いものを感じます。生活保護受給者や障害者らに対してもそうですが、弱者や少数者が最低限の人権を守られていることに対してさえ非難が噴出する。新型コロナウイルスで自粛しない人をたたく今の状況も象徴的です。「自分より楽をしている人間」を探して攻撃したい──という感情が強まっている気がします。

日本の出版社の社員は「差別語」は徹底的に排除するよう教育されるが、実はどのようなことが差別に当たるかは、海外に比べてあまり意識されていない。差別語を使わなくても差別表現はいくらでもできるが、出版界は表現の自由や出版物の多様性を言い訳にして、ほとんど野放しにしてきた。一方、インターネット発の主張が出版物になるとブランド化され、普段はネットになじんでいない高齢者も「本になっているから」と真実味を感じてしまう。

出版社はもっと「公共のメディア」としての自覚と見識を持ち、社会から批判や検証を受けるようにならなくてはならないと思います。

第5部

断絶が覆う世界に

今も世界で約10億人が苦しむ寄生虫感染症。第5部では対策に取り組む医師や研究者、市民が信州から国内各地、朝鮮半島、そして世界へと広げていった連帯の道のりを関係者の記憶からたどり、分断を深める世界をつなぎとめる未来を展望する。

フィラリア日韓共同研究で親交を深め、フォーラム済州の立役者となった多田さん（左）とリンさん＝1970年代初頭、韓国・済州島（長崎大熱帯医学ミュージアム提供）

ウイルス　若者の交流阻む

「このまま終わっちゃうのかな……」。２０２０年6月、長野県上田市出身の慶応大総合政策学部3年高野莉子さん（21）は東京都町田市の自宅アパートで、パソコンのスピーカー越しに流れてくる韓国語を聞きながらため息を漏らした。

19年9月から韓国に留学。同国トップのソウル大に通った。だが、いったん年末年始に日本に帰国してまもなく、新型コロナウイルスの感染が拡大。日本の外務省は韓国全土の感染症危険情報をレベル２（不要不急の渡航自粛）に引き上げ、慶応大も学生の渡韓を禁じた。3月中旬に新学期が始まったが、日本でできることは週3回、オンラインで講義を受けることだけだ。

同年10月、記者はソウルに高野さんを訪ねた。元徴用工問題を巡って日韓関係が冷え込み、韓国では日本製品の不買運動が起きていた。その最中に何を学び、どんな将来を描こうとしているのか聞くと、「日韓関係を私が変えたい」。明るい表情で希望を語る姿が印象的だった。

母親が韓流ドラマのファンになったのがきっかけで、「発音がかわいい」と韓国語に興味を持った。上田高校（上田市）2年のころ、竹島の領有権を巡る日韓の対立が激化。決まっていた韓国留学が中止となり、かえって日韓関係への関心が強まった。慶応大の入試の面接では面接官に「日韓関係の改善策を提案したい」と訴えた。

念願がかなって実現した留学生活は刺激に満ちていた。朝鮮半島の統治時代を含む「日本外交史」の講義では、韓国の歴史教育が日本批判に傾きがちの中、欧米のテキストを使って第三者的視点から歴史を見ようとする教授の考えを新鮮に感じた。

ソウル郊外の高齢者宅に暖房用の練炭を届けるボランティアにも参加した。その輪の中にいた中年男性の携帯電話に「NO JAPAN」のステッカーを見つけて身が縮んだ。だが、打ち上げでこの男性と伝統酒のマッコリを酌み交わしながら若者の政治意識について語り合い、「距離を近づけられた」と実感した。

新学期はサークル活動やアルバイトを始めるつもりだった。現地で直接、顔と顔を合わせることで韓国を理解しようと始めた留学。それが、感染症のパンデミック（世界的大流行）に阻まれるとは考えもしなかった。予定していた留学期間は6月末までとなっていた。


新型コロナウイルスの流行は、日韓の人々の往来を断ち切った。19年4月の1カ月で約29万人が日本から韓国に渡り、約57万人が韓国から日本に渡った。それが20年4月には、ともにわずか300人ほどにまで激減した。高野さんのような若い世代が中心となって培ってきた多くの絆や交流の機会が失われた。

一方、日韓の国家間のあつれきは、ウイルス流行下でもあらわになった。韓国で感染が拡大していた3月上旬、日本による入国制限強化に対し、韓国が「防疫とは別の意図があるのではないか」と反発し、対抗措置を取った。[*1] 海外から帰国を希望する日本人と韓国人がそろって一つのチャーター機に相乗りする協力も一部で生まれたが、元徴用工や輸出管理、安全保障の問題は解決の見通しが立たないまま停滞している。

世界に目を向ければ、現状は新型コロナ対策を巡って国際協調より自国を優先する内向きな姿勢が目立つ。米国ではアジア系住民に対する差別や偏見が広がり、中国との対立が深刻化。欧州連合（EU）も医療支援や経済復興に関して分断を深めた。

感染症と断絶が覆う世界で、いま一度、振り返りたい歴史がある。日本の研究者たちが各国の人々と手を取り合って進めてきた寄生虫感染症対策の歩みだ。

戦時中、南方に出征した多くの日本兵がマラリアなどの感染症で命を落とした。戦後も寄生虫感染者が国民の7割を占める「寄生虫王国」と呼ばれたが、医師や研究者、行政、住民が協力し、世界に先駆けて猛威を振るう寄生虫病を根絶させてきた。

こうした努力は国家の枠を超え、かつて日本や欧米諸国が植民地、占領地にしたアジア、アフリカへと広がった。負の歴史を背景にした不信や嫌悪を乗り越え、科学的な実証に基づいて進められた感染症との戦い。そこには、今は忘れ去られつつある日韓協力の軌跡も刻まれている。

顧みられぬ根絶への業績

「日本人は学校が始まって以来、君が2人目だ」

1983（昭和58）年、英国リバプールの熱帯医学校。19年12月にアフガニスタンで銃撃され73歳で亡くなった非政府組織（NGO）「ペシャワール会」現地代表の中村哲さんは、60代半ばの寄生虫学教授から告げられた。

後にアフガニスタンやパキスタンで医療活動や生活支援に取り組んだ中村さんは、ペシャワール赴任に先だって熱帯医学を学ぼうと渡英した。教授は戦時中にビルマ（現ミャンマー）戦線で日本軍との戦争に従軍。その頃の思い出を語った後、なぜ日本人がはるか英国まで学びに来たのか不思議がった。

「日本で熱帯病の臨床を学ぶ施設は皆無だ」と言う中村さんに、教授は「それはおかしい。あの時、日本も熱帯病に苦しめられたはずだ」と、「座右の書」という戦前に日本で書かれた寄生虫病学の英訳本を取り出した。

戦前、日本国内や戦地で人々を苦しめた寄生虫病の一つに「日本住血吸虫症」がある。原因不明の病とされ、多くの死者を出した。20世紀に日本の研究者や医師が原因を特定し、根絶法を確立。その知見は世界で生かされた。当時、そのことを知らなかったという中村さんは自著「辺境で診る辺境から見る」で、日本の業績が国内で顧みられていない理由について、「おそらく、日本の閉鎖性だろう。自国で問題が去れば、重視しないのである」と記している。

中村さんが医師としての一歩を踏み出した九州大医学部（福岡市）。白衣の医師や医学生が行き交うキャンパスに、「宮入通り」と記された看板が立つ長さ５００メートルほどの道がある。同大前身の九州帝大医科大教授時代に日本住血吸虫症がどのように人に感染するかを解明した長野市松代町出身の宮入慶之助《みやいりけいのすけ》[*2]（１８６５～１９４６年）にちなむ。

１９１３（大正２）年、日本住血吸虫の幼虫が人に感染する前に寄生して育つ「中間宿主」の新種の巻き

宮入慶之助（宮入慶之助記念館提供）

貝を発見。「ミヤイリガイ」と名付けられ、日本だけでなく世界中に分布する住血吸虫の感染経路特定へ道を開いた。発見の翌年には英国の研究者が視察のため来日。その後、アフリカで別種の住血吸虫の中間宿主を見つけた。宮入は27年、リバプール大教授からノーベル賞候補に推薦された。

　宮入が貝を発見した佐賀県鳥栖市の公園脇には「宮入先生学勲碑」が立つ。この地でもかつて、病の流行で多くの人が苦しみ、亡くなった。20年5月、公園を訪ねた記者に、サッカーの練習で来たという近くの山口雅司さん（60）は「われわれの年代で病気を知らない人はいない。宮入先生が貝を見つけたこともみんな知っている」と話した。

　日本住血吸虫症の流行地ではなかった長野県では、宮入の功績を知る人は少ない。

　ミヤイリガイや日本住血吸虫の標本、貝発見時の論文の写しなど約３００点が並ぶ「宮入慶之助記念館」（長野市篠ノ井西寺尾）。宮入の親族らの手で99年に開館したが、予約者のみ来館を受け付け、20周年を迎えた19年の来館者は50人余にとどまる。

　同館の名誉館長や理事には、宮入が寄生虫学に与えた影響の大きさを知る国内の第一人者たちが名を連ね、研究成果などを報告する会報も発行している。ただ、宮入の兄の孫に当たる前館長の源太郎さんが18年に死去し、館長で元長野市文化財課長の山口明さん（67）は「担い手の高齢化もあって、いずれ閉館せざるを得ない」と言う。

16年、一人の高齢の医師が、記念館に日本住血吸虫やミヤイリガイの電子顕微鏡映像を収めたＤＶＤを寄贈した。信州大医学部出身の加茂悦爾さん（89）＝山梨県南アルプス市。国内最大の流行地だった山梨県で生まれ、地元の病院で長く日本住血吸虫症の患者と向き合ってきた。宮入に対して特別の思いがあった。

奇病感染地域に差別の目

「名も恐し吸血の魔虫　突如、諏訪を脅す」

「南諏一帯、仰天して吸血虫退治に狂奔」

１９３３（昭和８）年９月、信濃毎日新聞の紙面に連日、ショッキングな見出しが躍った。山梨県境の長野県境村（現富士見町境）の住民10人が40度の高熱に浮かされ、「身体の疲労甚だしく極度に衰弱ろくろく口もきけない」奇病にかかったと報じた。

診察の結果、当時、甲府盆地で流行していた日本住血吸虫症*3と分かった。境村の住民たちは山梨で農作業の手伝いとして雇われていた。

長野市出身の九州帝大教授、宮入慶之助が日本住血吸虫症の中間宿主「ミヤイリガイ」を発見して20年。

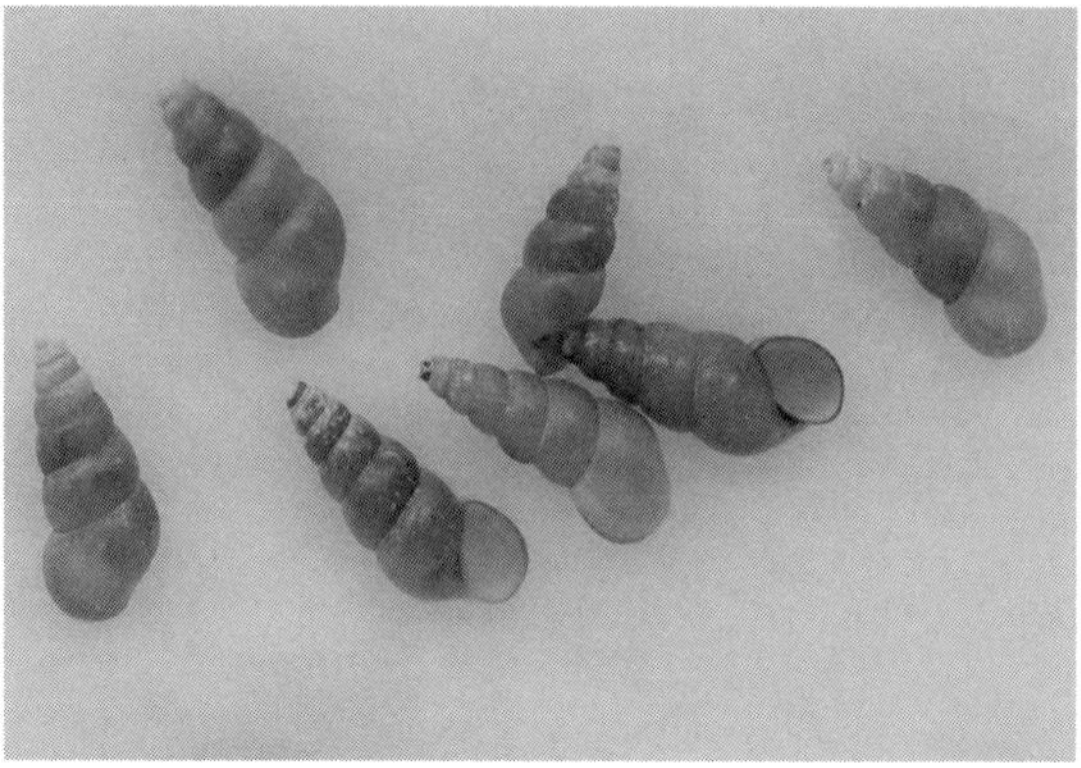

宮入慶之助記念館に展示されている山梨県で採集されたミヤイリガイの標本

当時はまだ有効な治療薬はなく、長野県衛生課長は諏訪地方への感染を防ぐため、山梨への出稼ぎ人にゴム靴、ゴム手袋を着用するよう命じた。信濃毎日新聞は「南諏地方は全く大恐慌」と、信州に波及した騒動の様子を伝えている。

78年に山梨医科大（現山梨大医学部）が設立されるまで山梨県内に医大、医学部はなく、戦時中に設立された松本医学専門学校（49年から信州大医学部）出身の医師たちが研究や診療を担った。その一人で、２０１６年に宮入慶之助記念館に日本住血吸虫症の映像などを収めたＤＶＤを寄贈した医師、加茂悦爾さんも昭和30年代、山梨の県立病院で多くの患者たちを診た。

大量に吐血する患者もおり、病が脳に及んで意識を失うと1、2週間で息絶えた。過去には病気を理由に離婚して服毒自殺した女性や、隔離療養中に放火自殺した青年もいた。当時も根治療法はなく、加茂さんは「最期は自分がどうなるか知っている」患者の腹に針を刺してたまった水を抜くことしかできなかった。医師として手を施すことができない悔しさが募った。

「水の取り入れ口付近にいることが多いんだよ」

八ケ岳を望む山梨県韮崎市の水田。20年5月、案内してくれた元同県衛生公害研究所職員の梶原徳昭さん

(74)が指さした先に、長さ1センチに満たない小さな巻き貝がいた。かつて日本住血吸虫症を人体に感染させたミヤイリガイ。感染の危険はないものの、今も甲府盆地では身近な場所で見つけることができる。副作用の少ない特効薬がドイツで開発されたのは70年代。それまで山梨では60年余にわたって貝を駆逐する予防対策が続けられた。

住民たちははしと茶わんで貝を集め、長野県塩尻市から運ばれた生石灰をまいた。水路はコンクリート化され、名物のホタルは姿を消した。県は稲作から果樹栽培への転換を奨励。山梨が「フルーツ王国」となった背景には、住民たちの身を切る努力があった。

かつて患者を診療し、今は記念館として病気の歴史を伝える「杉浦醫《い》院」(山梨県昭和町)の敷地に立つ「流行終息の碑」の脇には、115枚の瓦が並ぶ。患者は78年を最後にいなくなったが、終息宣言が出たのは96年。感染が起きた村の住民が山梨県令(知事)に初めて調査を求めてから115年がたっていた。

〽中の割(地名)に嫁に行くには　買ってやるぞや　経帷子《きょうかたびら》に棺おけ。

山梨には病気への恐れを端的に表した里歌が残る。元同県衛生公害研究所職員の薬袋《みない》勝さん(76)は「昔は病気の発生地の名を口にすることもはばかられた。堂々と話せるようになったのはつい最近」と語る。感染地域の人々には隣県の信州からも含めて、差別の目が向けられてきた。

記者が甲府を訪ねた5月、かつて感染の温床となった小川では子どもたちが水に足を浸して遊んでいた。加茂さんは言う。「住血吸虫はまだ世界で数億人の脅威となっている。再び日本に持ち込まれないとも限らず、対策の歴史は残していくべきだ」

占領下で悲願の撲滅へ指揮

梅雨の最中の沖縄県宮古島。20年5月、宮古保健所の敷地の片隅で、高さ2・5メートルほどの石碑が激しい雨に打たれていた。「フィラリア防圧記念碑」と刻まれた1988（昭和63）年建立の碑に関心を向ける人はほぼいない。

新型コロナウイルスの対応に追われる同保健所職員の屋嘉比《やかび》智弥さん（31）は、訪れた記者に「離島は病床が少ないので、コロナの感染が起きたら大変」と話した。島ではこれまで陽性患者は出ず落ち着きを取り戻しているが、4月には新型コロナが疑われる症状があるといった相談が多く寄せられた。記者が記念碑に話題を向けると「フィラリアは昔の病気という印象ですね」との答えが返ってきた。

熱帯や亜熱帯を中心に生息し、病気が進行すると足が肥大化して硬くなる「象皮病」などを引き起こす寄生虫フィラリア。[*4] かつては日本各地で感染例があり、日本住血吸虫症と並んで原因不明の病として恐れられた。

世界有数の流行地で、国内最後の根絶地となった沖縄の人々にとって、フィラリア撲滅は悲願だった。その陣頭指揮を執ったのは、信州大医学部出身の医師だった。今も沖縄県南風原町の病院に勤める砂川恵徹《けいてつ》さん（82）だ。

宮古島出身の砂川さんは、幼少期の記憶にフィラリアのイメージが深く刻まれている。「象皮病」のほか、睾丸《こうがん》が巨大化する「陰嚢水腫《いんのう》」に苦しむ人を見た。「『あの家に近づくな』とか『座っていたところに座るとうつる』と言われた」。無知や偏見から、悪い行いをした報いと考えられるなど、患者は差別的な扱いを受けることもあった。

1945（昭和20）年の沖縄戦では台湾に疎開し、難を逃れた。戦後は医師の急増政策が取られ、砂川さんも沖縄に戻ることを前提に国費留学制度で信州へ。62年に信大を卒業後、宮古保健所に着任。島には感染者が2割に達する集落もあり、地域産業の発展を阻んでいた。

当時の沖縄は米軍の占領下。米国民政府が基地と兵士の保全を図るために感染対策を重視したのは、死に直結するマラリアや結核、そして性病だった。住民生活に多大な影響を及ぼすものの、命への直接的な危険が少ないフィラリアへの関心は薄く、宮古島を皮切りに対策が始まったのは本土から3年遅れの65年。砂川さんは「占領政策に振り回された」と振り返る。

27歳の若さで保健所長に就任し、60人態勢のフィラリア防圧グループを率いた。周辺離島を含めて7万人近い住民から採血して感染者を特定、薬を投与する方法を採った。

フィラリアには人への感染を媒介する蚊が活発に飛ぶ夜間に抹消《まっしょう》血管の血中に現れる習性があり、採血は深夜に及ぶこともあった。テレビが普及していない時代、採血会場で衛生教育用の映画を上映したり、深夜営業の飲食店で採血を呼び掛けたりした。

治療薬が神経痛に効くといううわさが広まり、フィラリア症患者が別の人に渡してしまうケースもあった。医療者の面前で服薬してもらい、蚊を駆除するために住民に自宅の家財道具を外に出してもらって薬剤散布を依頼した。

「最初は果たして治る病気なのかと島全体に諦めムードが漂っていた。信用や理解を得るまでに多くの時間を費やした」。科学に基づく正確な情報を提供し、協力を求める。地域ぐるみの取り組みで、沖縄では78年を最後に感染者はいなくなった。88年、沖縄県は宮古島で開いた公衆衛生大会でフィラリアの根絶を宣言。対策は世界保健機関（ＷＨＯ）にも高く評価された。

同じ時期、砂川さんと同世代で、沖縄でフィラリア調査に当たった研究者がいる。宮入慶之助記念館の前名誉館長で九州大名誉教授の多田功さん（83）＝福岡県太宰府市。後に国内での経験を生かし、韓国最大のフィラリア流行地だった済州島《チェジュド》で日韓共同研究に携わる。

日本の協力　待っていた壁

朝鮮半島南西に浮かぶ韓国最大の島・済州島。長崎県五島列島から西に約２００キロのこの島は高級ホテルやビーチなどを目当てに外国人観光客も多く訪れるリゾート地だ。新型コロナウイルスの影響で日本を含め国外からの旅行者は途絶えているが、感染拡大が一服した韓国では２０２０年4月末から5月初旬に日本と同様に大型連休を迎え、国内から大勢の観光客が詰め掛けた。

フィラリアの共同研究を行う日韓の研究者たち。多田さん（手前）も顕微鏡を使って幼虫の観察に没頭した＝1970年代初頭、韓国・済州島（長崎大熱帯医学ミュージアム提供）

１９７０（昭和45）年、わらぶき屋根の民家が並ぶのどかな風景が広がっていた済州島は、韓国国内で最大のフィラリア流行地だった。特にフィラリアを媒介する蚊が多い沿岸地域は大きな被害を受けた。この年、韓国ソウル大医学部は島に風土病研究所を設立。対策に乗り出したものの、韓国の研究者や医師たちはフィラリアの予防や診察、治療の経験が不足していた。

５年前に日韓基本条約が締結され、両国の国交が正常化。ソウル大は鹿児島や沖縄でフィラリアの制圧に成功していた日本側に協力を求めた。要請に応えたのは、長崎県の離島などで成果を上げていた長崎大熱帯医学研究所[*5]（長崎市）の片峰大助教授（91年死去）を中心としたグループだった。

日本国内でフィラリアを抑え込み、経験と実績を積んだ片峰さんら九州の研究者たちの間では国際協力の機運が高まり、旧厚生省（現厚生労働省）の補助を受けた医療協力の一環で済州島での支援を決めた。グループには当時は鹿児島大助教

授だった多田功さんの姿もあった。かつて宮入も教鞭を執った九大医学部で学んだ学生時代から、フィラリア研究に没頭していた。

72年までの3年間、日韓の研究者たちは済州島で住民とフィラリアに立ち向かった。

「住民たちは病気の正体を全く知らなかったが、治してほしいという希望は強く感じられた」。島には日本とは別種のフィラリアが流行。住民たちは手足が肥大化して硬くなる象皮病などに苦しんでいた。多田さんによると、韓国の寄生虫学者たちは朝鮮半島が日本の植民地だった戦前、京城帝大（現ソウル大）の日本人研究者に師事。済州島でも日本が確立した治療法を学ぼうとする意欲は高かった。

「症状の軽いうちに検査をして感染者を見つけたい」と意気込んだ多田さん。だが、大きな壁が待っていた。

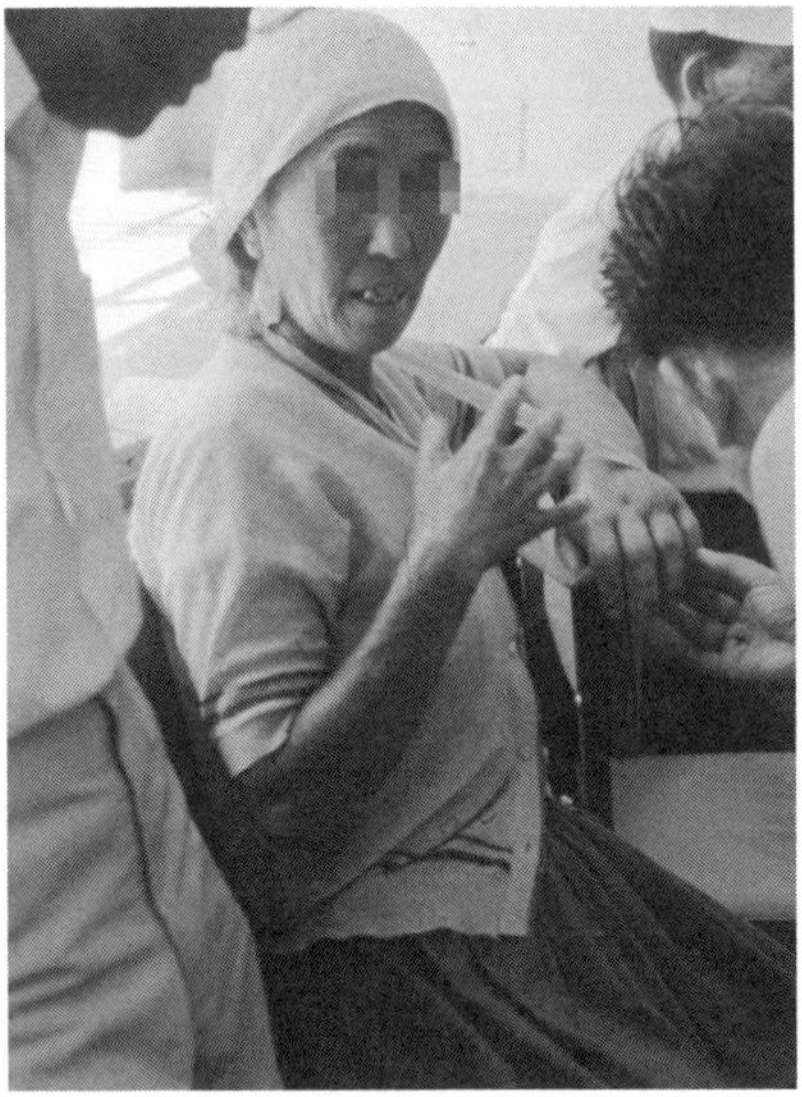

フィラリア日韓共同研究で、診察を受ける現地の女性。左腕が肥大しており、象皮病の前段階の症状が見える＝1970年ごろ、韓国・済州島（長崎大熱帯医学ミュージアム提供、写真は一部加工しています）

初年度、感染状況を把握するため住民に集まってもらい、約千人に血液検査を実施。2割が陽性を示し、現地で初めて治療薬を使った。服用後に発熱が数日続く副作用が出ることがあり、日本では「放置しても間もなく下がる」「フィラリアが死滅する時の反応で、薬が効いた証拠」と説明、納得を得られてきた。

だが、日本と別種の済州島のフィラリアに対してはより多くの人が発熱。熱も高い傾向があった。現地の陽性者35人に投薬したところ、9割近くが発熱（日本では5割強）し、このうち8割強が38度台の高熱（同7割強が37度台）を出した。こうしたことが現地住民の反発を招いた。

ある日の夕方、多田さんが宿舎にいると、韓国の研究者が焦った様子でこう伝えてきた。「住民たちが怒って押し寄せている」。一緒に研究していた元鹿児島大助教授の尾辻義人さん（２０１５年死去）は、回想録に当時の様子を書き残している。

――ある晩、集落の青年たちが、宿舎を囲んで大声を上げていた。韓国語だったので意味は分からなかったが、大変な雰囲気を察した。青年たちは「日本人が毒薬を飲ませたために発熱した」と訴え、警察が出動する騒ぎとなった。

結局、深夜までソウル大の研究者と片峰さんがとりなし、事態はなんとか収まった。

住民の不信感　重ねた配慮

「誤解は間違いなくあった」。20年5月、長崎大熱帯医学研究所（長崎市）元所長の青木克己《よしき》さん（76）を訪ねた。１９７０（昭和45）年から韓国・済州島で行われたフィラリアの日韓共同研究に、長崎大大学院生

（72年は同大助手）として参加した。

フィラリアの治療薬の副作用で出た高熱に対し、島民たちは「日本人が毒薬を飲ませたために発熱した」と訴えて騒ぎになった。日本の植民地時代、島には米軍との本土決戦に備えて地下壕が掘られ、住民たちも労働力として動員された。48年には朝鮮の南北分断に反対した民衆蜂起をきっかけに、軍や警察などが住民約3万人を虐殺する「4・3事件[*6]」が起きた。

四半世紀を経てなお、国家による暴力が吹き荒れた島の住民が抱える不信感は根強かった。

青木さんによると、日本の医師が誤って妊婦に治療薬を飲ませて流産させそうになったことがあった。幸い無事だったが、「問診で言葉がうまく通じなかったのかもしれない。大騒ぎになった」。共同研究を主導していた同研究所の片峰大助教授（故人）が「自分は残って責任を取る」と言い、青木さんらに帰国準備を促す事態となった。

当時、ソウル大専任講師として韓国側から共同研究に参加した同大名誉教授の李《イ》純炯《スニョン》さん（83）も「副作用の発熱は苦痛が強く、逆に病状を悪化させる薬と誤解され、説得は大変だった」と振り返る。

住民に対しては韓国の研究者が日本の研究者との間を取り持ったが、治療を切望する住民がいた半面、植民地時代の経験がある人には日本への反感は少なからずあったと推し量る。それでも「研究者に『患者のために』との思いが強かった。日本の研究者の支援がなければ観光業の盛んな今の済州島はなかった」。

一触即発の危うい状況も経験しつつ、日韓の研究者は副作用を抑制する方法を探った。72年、あるホルモンが発熱を抑えることを確認した。

韓国の医学史研究者が後に行った聞き取りによると、住民たちの日本への敵対感情はそれほどなかったとの見方もある。４・３事件で日本に避難した島民がその後、島と交流を続け、日本のイメージに変化があったという。青木さんも当時、患者の血を吸った蚊を研究用に集めようと訪ねると、早朝にもかかわらず自宅に上げてくれた人がいた。

患者の血を吸った蚊を確保するには、蚊をたくさん入れたケージを用意し、患者に腕を入れてもらって血を吸わせた方が効率的だ。日本で採用してきた方法で、青木さんが提案すると、片峰さんに「患者に負担を与えるから駄目だ」とたしなめられた。信頼を得るために細心の注意を払う必要があることを学んだ。

集まった住民にフィラリア研究の趣旨を説明する日韓の研究者＝1970年代初頭、韓国・済州島（尾辻義人さんの回想録「愚直の一念」より）

共同研究が終わった直後の73年8月、韓国で軍事独裁政権が関与し、民主化を目指す金大中《キムデジュン》氏が東京で拉致される事件が起きた。金氏と親交があり、韓国の民主化運動との連帯を訴えた評論家の青地晨《あおちしん》さん（１９０９～84年）は、青木さんの大叔父に当たる。

青地さんは自分と親戚関係にあり、かつて多くの血が流れた済州島で活動する青木さんの身を案じたが、杞憂《きゆう》に終わった。「日本では経験できない寄生虫研究について韓国の研究者から多くを学べた」。ただ、最も若手だった青木さんも今月（20年6月）で喜寿を迎える。

20年5月、記者の訪問を受けた青木さんの手元に、共に研究に携わった元鹿児島大助教授の尾辻義人さん（故人）の回想録があった。当初、住民から治療薬の副作用で反発を受けたことについて「いくら医学的または善意の仕事であったとしても、韓国側の感情などに慎重な配慮が必要であったと反省した」と記されている。

「将来、役立てる人がいるかもしれない」。青木さんはこの日、回想録を長崎大熱帯医学研究所に託した。

「一番近くの国」築いた絆

ともに30代の2人の若い医学研究者が肩を並べた写真（第5部中扉に掲載）が、長崎大熱帯医学研究所に残されている。宮入慶之助記念館の前名誉館長で、鹿児島大助教授だった九州大名誉教授の多田功さんと、ソウル大助教授だった高麗大名誉教授のリン・ハンジョンさんだ。撮影地は日韓共同のフィラリア研究*7が行われた1970年代初頭の韓国・済州島。その眼差しに使命感が宿る。

研究初年の70年夏、船で済州島へと向かう途中に釜山港に降り立った多田さんを、リンさんが迎えた。多田さんはその晩、焼き肉を囲んで打ち解けたことを覚えている。一緒に島へ渡り、住民の反発も受けながら3年間の共同研究を通じて育んだ信頼関係は、島の患者がほとんどいなくなり韓国の研究チームが76年に引き上げた後も続いた。

リンさんはたびたび研究室を訪ねるようになり、多田さんは「一衣帯水（狭い川を隔てて近接している）の韓国との間に、学会レベルの交流がないのはおかしい」と感じた。交流を促そうとソウルを訪ねた多田さんに、リンさんは「日本の寄生虫学者たちと定期的なセミナーを開いてもらえないか」と提案した。


2人の構想は95年、両国の研究者が最新の知見を交換する日韓寄生虫学セミナーの開催へと結実。最初に絆を築いた地にちなんで「フォーラム済州」と名付けた。

初回の開催地となった済州島には日本から10人ほど、韓国側から数十人が集まった。70年代に共同研究に携わった顔ぶれ以外に、若い世代も加わった。今も年1回のペースで続く。20年も5月に北海道で開催が予定されていたが、新型コロナウイルスの影響で延期された。

90年代半ば、日韓関係は慰安婦問題で揺れていた。「信頼ある学者同士で交流し、歴史のマイナス面を克服したい」と考えていた多田さん。フォーラムをきっかけに、韓国から多くの研究者が日本の大学に留学するようになった。「直接付き合い、話し合い、生活し合ってこそ互いを理解できる」。自分の体験からその意義を感じている。


フォーラムには毎回40人ほどが参加。熱帯のマラリア、欧米先進国にも広がる赤痢アメーバ、韓国側からはかつて同国の洛東江流域で猛威を振るった肝吸虫《かんきゅうちゅう》の報告が目立つ。連帯の成果はアジア、アフリカへと広がる。

70年代の日韓共同研究に加わった青木克己さんは2000年、多田さんの後を受けてフォーラムの日本側代表となった。当時、ケニアで住血吸虫症対策に取り組み、研究費が限られる中で多くの薬を必要としていた。協力を申し出たのは、ソウル大医学部教授だった韓国健康管理協会長の蔡鍾一《チェヂョンイル》さん（68）。「アフリカの仕事を手伝いたい」と、韓国の製薬会社が開発した薬を安価で提供してくれた。

フォーラムの日本側世話人代表で宮崎大医学部教授の丸山治彦さん（58）によると、近年、日本で暮らすアジア系外国人に、末期には肝硬変になる肝吸虫症が疑われる症状が見られることがある。日本国内では抗体検査に必要な抗原が手に入らないため、現在も患者がいる韓国側が融通。こうした協力も、フォーラムのつながりが背景にある。

元徴用工問題に端を発する対立が激化した19年10月、多田さんはソウル大で開かれた寄生虫学のシンポジウムで約300人を前に講演。フォーラムの歩みと日韓の半世紀にわたる協力について語った。

国民感情を背景にして対立を続ける日韓。多田さんは「純粋に学問的な客観事実に基づく交流が、良好な関係につながる」。同じく共同研究に参加したソウル大医学部名誉教授の李純炯さんは若い世代に「一番近い国同士、未来のことをよく考え、世界で貢献できる道を模索してほしい」と望んでいる。

証言　手を取り合い後世に

長崎県西彼杵《そのぎ》半島の西に浮かぶ離島・松島（西海市）。過去に炭鉱で栄えた周囲16キロ、人口４６０人の小さな島は、かつてフィラリアの流行地だった。19年7月、宮入慶之助記念館の会員で青山学院大教授の飯島渉さん（59）＝東洋史・医療社会史、横浜市＝と、韓国ソウル大医学部教授の金玉珠《キムオクヂュ》さん（56）、同大助教の鄭準晧《チョンヂュノ》さん（35）は、寺の本堂に集まってもらった70〜90代の住民10人ほどから話を聞いた。

「子どもの頃、足が大きいおばあちゃんがいて、その足をなでて遊んだ」「腫れた睾《こう》丸に座ったことがある」。住民たちはフィラリアによる象皮病や陰嚢《いんのう》水腫の患者たちに直接触れた記憶をたどった。差別の目はあったかとの問いには「特にそんな雰囲気はなかった」と答えた。

１９６０年代、松島でフィラリアの集団治療が行われた。70年代に韓国・済州島で日韓共同研究に取り組んだ多田功さんも参加し、得られた研究成果を済州での治療に役立てた。

飯島さんらの聞き取りに協力した松島在住の辻脇茂行さん（71）は、集団治療が行われた当時は中学校入学前後。住民が集められ、耳から採血されたことを覚えている。20年5月、長崎を訪ねた記者に「感染の歴史があって今がある。覚えている住民の証言が後の研究に生かされるなら意味がある」と話した。

飯島さんは、金さんら韓国の医学史研究者らと共に、あるプロジェクトを進めている。「感染症アーカイブズ」[*8]。日本住血吸虫の中間宿主「ミヤイリガイ」を発見した宮入慶之助の業績に始まり、日本国内から世界へと広げた感染症研究の記録を研究者や住民たちの証言と共に後世に残し、公開していく取り組みだ。

1960年代にフィラリアの集団治療が行われた松島（奥）＝長崎県西海市

寄生虫研究は自国で撲滅するとその後の研究が途絶えてしまいがちだ。日本国内では日本住血吸虫症やマラリア、フィラリアなどが制圧されて久しい。感染症が人々の歴史にどのような影響を及ぼしてきたか、中国などをテーマに研究してきた飯島さんは、過去の文献や映像記録が自然科学の観点からは価値が薄れ、散逸するか放置されてしまっていることに気付いた。そしてそれ以上に、対策当時を知る研究者や患者たちの生の証言を得られる時間は、もうあまり残されていないことに危機感を抱いた。

　飯島さんの呼び掛けに応じて、済州島での日韓共同研究について聞き取りや資料研究をしている金さんらも「韓国で当時の資料はほとんど見つけられない」と問題意識を共有する。19年7月に長崎を訪れた際に、松島の集団治療の記録映像を視聴。住民たちが治療薬を飲む様子を興味深げに眺めた。長崎大熱帯医学研究所は５４３点に及ぶ松島や済州島でのフィラリア制圧に関する資料を保管。これらを整理して利用できるようにしたのも飯島さんたちだ。

　金さんらは済州島での日韓共同研究に参加した韓国側研究者への調査を始めており、19年10月には鄭さんが済州島南部の集落で70代の元患者２人から共同研究時の記憶を聞き取った。今後、飯島さんらと共に日韓共同で現地調査を計画。東京の目黒寄生虫館と18年にソウルに設立された寄生虫博物館で企画展示を行い、日韓でのシンポジウム開催も構想している。

「日韓の共同研究を、50年たってからまた共同で研究するのは感慨深い」と金さん。飯島さんは、過去の植民地支配や国家による暴力の歴史も踏まえながら、日韓で手を取り合ったフィラリア対策の記録と当事者の記憶を残すことは、歴史学の立場からも有意義だと考える。「今後、展示内容を考える中で見解の相違も生まれるだろう。その上で、共通のものを作れるよう努力していきたい」

立ちはだかる戦争の歴史

敵意に満ちた目に、思わずひるんだ。

1975（昭和50）年4月、太平洋戦争中に日米の激戦地となったフィリピン・レイテ島[*9]。前年に同国から故小野田寛郎・元陸軍少尉が帰国して世間を驚かせた。信州大医学部出身の医師林正高さん（長野県諏訪市出身、2016年に81歳で死去）は、日本住血吸虫症を患った20代前半の男性と向き合っていた。

日米医学協力研究会の医療支援の一環で診療に訪れた初日だった。病に脳を冒され、1日に30回以上けいれんを起こしていた男性は林さんをにらみ付け、床に唾を吐いた。後で診療仲間から、男性の祖父は日本軍に虐殺されたと聞いた。

諏訪清陵高校（諏訪市）を経て62年に信大を卒業、日本住血吸虫症の流行地だった甲府市の病院で多くの患者を診た。山梨の患者たちに重ねて「症状を何とかしてあげられるのではないか」という気持ちは打ち砕かれた。日本で初めて虫体が発見されたため病名に「日本」と付くことから、「戦時中に日本人が持ち込んだ」との誤解もあった。やって来る患者たちは一様に警戒心をあらわにしていた。

「『私の仲間』とすっかり思い込んでいたフィリピン人医師や患者の家族たちは、どういう気持ちなのかな、とも思うようになり、孤立化した自分を知りました」。林さんの心情は著書「寄生虫との百年戦争」（２００0年刊）に詳しい。

林さんはレイテ島の患者から採った血液を研究に役立ててもらおうと日本に空輸していた。当時、羽田空港で受け取っていたのが同じ信大医学部出身で、東京医科歯科大の大学院生だった宮入慶之助記念館の名誉館長、太田伸生さん（68）＝三重県桑名市＝だ。

宮入慶之助が１９１３年に感染経路を解明し、国内で日本住血吸虫症を撲滅した日本。戦前は富国強兵と大陸・南方進出の要請から寄生虫対策の技術を大きく発展させた。戦後、平和国家として再出発した日本の知見を生かし、世界の患者を救おうとアジアに乗り出した研究者たちの前に、かつての戦争の歴史が立ちはだかった。太田さんもそんな経験をした一人だ。

「消滅日本血吸虫」。89年から対策に携わった日本住血吸虫症の流行地、中国・湖南省。集落の農家の壁に白いペンキで書かれたスローガンがいくつも掲げられていた。「見た人は、日本が悪いことをしているという印象を持つだろう」と思った。

反感が直接、自分に向けられたことはなかったが、流行地の調査では地元の研究所職員から「この町は戦時中、日本軍が来て住民が殺された」と聞かされたこともある。一方、病が流行していたのは揚子江流域の広大な地域。日本が制圧に成功したことについて「生息地が狭いからうまくいったのだろう」とやゆする声も聞いた。支援に来た日本人を歓迎する人ばかりではないと感じた。

中国・湖南省の日本住血吸虫症の流行地で中間宿主の貝を拾う研究者たち＝1990年代前半（太田さん提供）

2000年代に入り、湖南省の寄生虫病研究所と共同し、いまだ寄生虫では開発に成功していないワクチンの研究に取り組んだ。5、6年続けても成果は出なかったため、マラリア治療薬を日本住血吸虫の幼虫に転用し、予防効果を確認。特許も取ったが、各国の製薬会社は関心を示さなかった。近年では患者が多いのは貧しい国々で、薬を開発しても利益が見込めない日本住血吸虫症は、世界保健機関（WHO）から「顧みられない熱帯病」と呼ばれている。

フィリピンと同様、かつて日本が軍事力を背景にして進出した中国。今も負の歴史が影を落とす中、中間宿主の貝の生息地が新たに見つかるなど撲滅への道は半ばだ。それでも太田さんはこう考えている。「まだ病気の制圧の遺産が日本に残っているうちは、努力を続けないわけにはいかない」

もがいた研究の歴史に希望

「血尿が出て、止まった時が大人になった証拠。血尿が出ないと結婚も許されない」

1990年、住血吸虫症の流行地アフリカ・ケニアで対策に取り組んでいた長崎大熱帯医学研究所の元所長、青木克己さんは一時帰国した際、同国で活動する日本人文化人類学者から聞いて目を丸くした。

70年代に韓国・済州島《チェジュド》のフィラリア日韓共同研究に参加。過去の植民地支配の経緯などから「日本人が毒薬を飲ませた」と誤解を受けた。研究チームは薬の副作用を抑え、粘り強く説得と治療に当たり制圧への道筋をつくった。経験を生かし、命を救おうと渡ったアフリカ。そこではまた別の壁が待っていた。

住血吸虫がぼうこう付近に寄生して引き起こされる血尿は「大人の証」だった。使用を勧めた水道は「鉄の粉が入っていて身内に不幸が起きる」と信じられ、川の水が使われ続けた。患者が川で用を足し、便に含まれる住血吸虫の卵がふ化して貝に寄生、川で遊ぶ子どもに感染する――。病は人々の生活に引きはがしがたいほど深く根付いていた。

水道やトイレの必要性、病死の原因を知ってもらおうと健康教育に手を尽くしたが、あまり成果は上がらなかった。「病気に対する観念の違いを知らず、日本人の考えで進めようとしてもうまくいかない」と思い知らされた。

98年5月16日、英国バーミンガムで開かれた主要国首脳会議（サミット）2日目。日本の故橋本龍太郎首相（当時）は、発展途上国を中心に世界で約35億人が感

ケニアで開いた住血吸虫対策のための住民説明会。尿検査などへの協力を要請した＝1990年（青木さん提供）

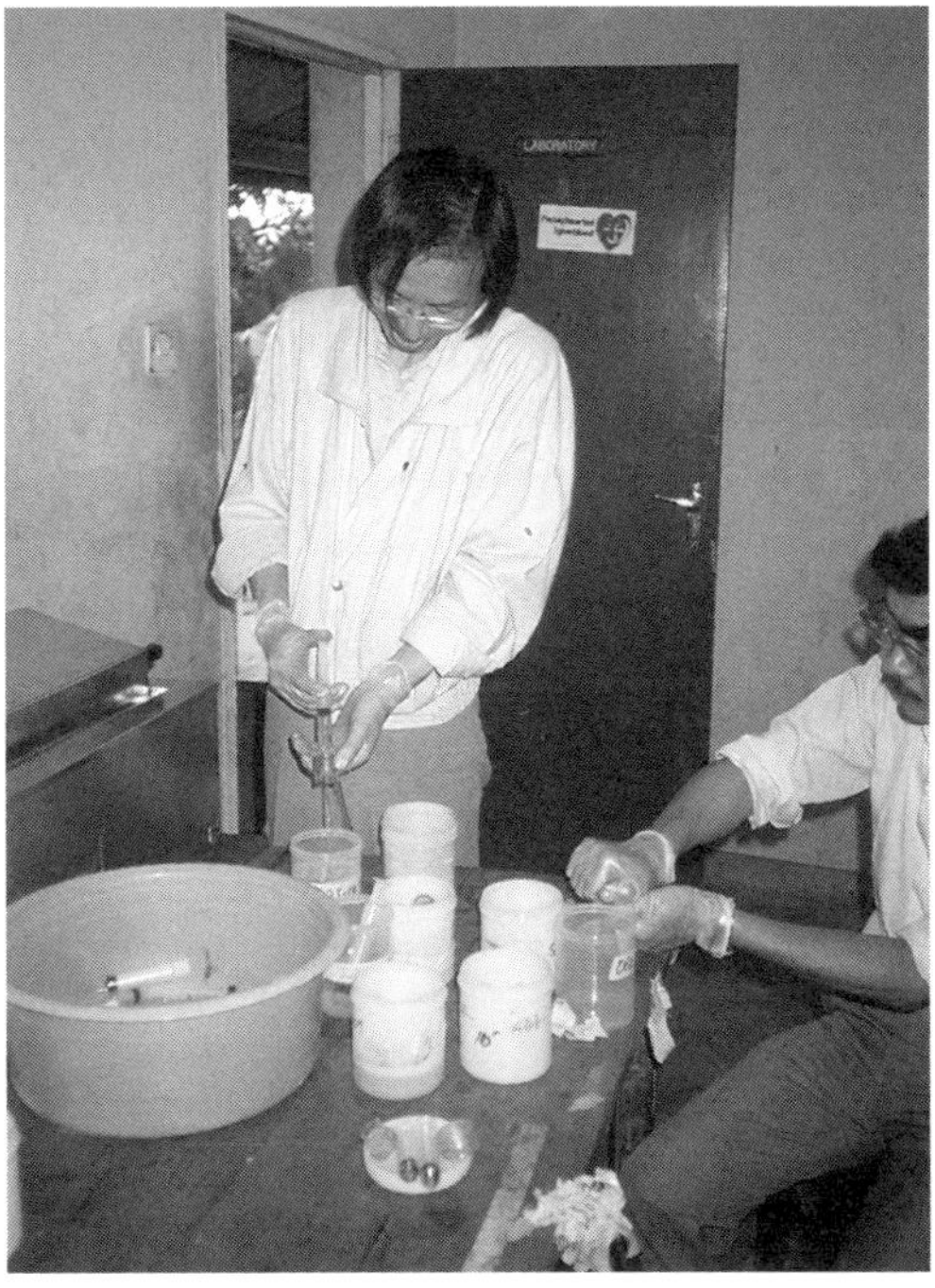

住血吸虫症が流行するケニアで検査する青木さん（左）＝1990年

染している寄生虫対策を進めるため、日本がアジアとアフリカに研究センターを設け、国際貢献に取り組む意向を表明した。

「橋本イニシアチブ」[*10]。世界保健機関（ＷＨＯ）と協力し、寄生虫問題の解決に向けて日本がリーダーシップを取る意思を示した宣言は、青木さんのように国家間の負の歴史や文化、風習の違いの中でもがきながら、世界で感染症に立ち向かってきた研究者一人一人の決意でもある。

「寄生虫は少なくとも欧州に負けるとは思わない。敗戦後の日本はノウハウをたくさん持っている。今なら、まだそれを（海外に）移転できる方たちが元気に動ける」。橋本元首相は２００２年のインタビューでそう振り返っている。現在の日本では寄生虫対策に関心が向けられることはなく、イニシアチブは国内ではほとんど顧みられていないが、国際保健分野では抜群の知名度を誇り、アジア、アフリカで対策に生かされている。

20年、新型コロナウイルス流行に伴う緊急事態宣言が7都府県に出される4日前の4月3日、日本記者クラブ（東京）。研究者の実践を保存するプロジェクト「感染症アーカイブズ」を進める飯島渉さんが会見し、世界の感染症の歴史を語った。

20世紀初頭に日本の感染症対策を採り入れて始まった中国の感染症対策。長野市出身の九州帝大教授、宮入慶之助が感染経路を突き止め、山梨で実施された日本住血吸虫症対策が形を変えて応用された。今は日本と同様の医療レベルを獲得し、アフリカなどで実施している住血吸虫症対策などの国際支援も紹介した。

クラブ会員からは、新型コロナ流行の発端となった中国の責任を問う声もあった。飯島さんは中国の初期対応の遅れは認めつつ、国際協調により人類史上で唯一、根絶した天然痘[*11]の対策に触れ、「中国も巻き込む形で国際協調が求められている」と述べた。

韓国も現在、アジア、アフリカで感染症対策を支援する。その足掛かりは、済州島で行われた日韓共同研究だった。新型コロナで国同士の協調が傷つく中、飯島さんは国の枠を超えて築かれてきた研究者の連帯に希望を見いだす。

「過去の共同研究に光を当て、そこで生じた問題を冷静に振り返るぐらいには日韓の関係は成熟してきている」。そのための土台をつくることが、感染症アーカイブズの使命だと考えている。

＊1　**日韓の新型コロナウイルスを巡る状況**　新型コロナウイルスは２０１９年12月末に中国での発生が世界保健機関（ＷＨＯ）に報告され、20年1月中旬には日本、韓国に波及。同年3月、日本政府が韓国と中国からの入国制限強化に踏み切ると、元徴用工問題などで対立を深めていたことを背景に韓国政府は日本側が政治色を帯びた判断をしたとしてビザ停止などの対抗措置を取った。韓国は新型コロナウイルスについて感染を調べる検査や感染者の追跡、隔離を徹底する対策を実施した。

＊2　**宮入慶之助**　更級郡西寺尾村（現長野市松代町西寺尾）出身。帝大医科大（現東大医学部）在学中、後に世界で初めて人工がん発生に成功した上田市出身の医学者山極勝三郎（１８６３～１９３０年）らと共にドイツのお雇い外国人ベルツらに師事した。卒業後、内務省衛生局職員として足尾銅山鉱毒事件を調査。１９０２（明治35）年にドイツに留学して細菌学を学び、04年、京都帝大福岡医科大（現九州大医学部）初代衛生学教授に就任した。13年、日本住血吸虫症の流行地だった筑後川流域の佐賀県鳥栖市で中間宿主のミヤイリガイを発見。朝鮮

総督府の命令で朝鮮やエジプトでも寄生虫調査を行った。晩年は東京でつつが虫病の研究に携わった。

＊3　**日本住血吸虫症**　田や小川、湿地帯で幼虫がミヤイリガイを介して足などの皮膚から人体に入り込み、血液を消化管から肝臓に送る門脈に寄生。雌雄の別があり、1、2センチほどの糸状。成虫は多数の卵を産み、肝臓にたまって肝機能障害を起こす。急性期の皮膚の炎症や発熱の後、進行すると腹水がたまって腹が膨れ、肝硬変や肝性昏睡《こんすい》などで死に至る。古くは江戸初期編さんの甲州流軍学書「甲陽軍鑑」にも病の記録が残り、山梨県甲府盆地のほか、広島県片山地方や、福岡、佐賀県の筑後川流域で流行。原因不明の病として恐れられ、1904（明治37）年に日本の病理学者が虫体を発見し、この名が付いた。

＊4　**フィラリア**　糸状をした寄生虫で、体長は10センチにも及ぶことがある。蚊が媒介して感染し、リンパ系フィラリア症は悪寒を伴う発熱発作を繰り返し、リンパ管を詰まらせることで足や睾丸が肥大化する象皮病や陰嚢水腫、尿が白く濁る「乳び尿」の症状が現れる。平安時代の絵巻物に象皮病の女性貴族が登場し、江戸時代には葛飾北斎が陰嚢水腫の男性を描いた。西郷隆盛も感染者だったとされる。約4000年前のギリシャ・クレタ島や、3000年前のエジプトのミイラからも痕跡が見つかっている。

＊5　**長崎大熱帯医学研究所**　熱帯病の研究を専門に行う国内唯一の研究教育機関。熱帯地域の寄生虫感染症などの克服を目指し、熱帯医学や国際保健分野の研究、熱帯病の防圧による国際貢献、研究者育成に力を入れる。1942（昭和17）年に長崎医科大付属東亜風土病研究所として開設され、45年に原爆投下で崩壊。戦後に再建され、67年に熱帯医学研究所に改称。ケニア、ベトナムに海外研究拠点を置き、現地研究者とマラリアや住血吸虫症などの感染症の研究に取り組む。「熱帯・新興ウイルス感染症研究に関するWHO研究協力センター」の指定を受け、NGOや民間企業とも連携。付属の熱帯医学ミュージアムにはリンパ系フィラリア症などの熱帯病についての展示があり、一般公開している。

＊6　**4・3事件**　1948（昭和23）年4月、韓国の済州島で、朝鮮半島の南北分断の固定化に反対する左派勢力の一部が武装蜂起。警察や軍、右翼団体が住民を左派の同調者と見なして虐殺した。54年までの犠牲者は推定2万5000～3万人に上る。事件の背景には、戦前に日本の統治に協力したために共産勢力による処罰を恐れ

た朝鮮半島本土の警察、右翼勢力が反共を掲げて米軍政と結び付き、済州島に送り込まれて住民に弾圧を加えていたことがあるとされる。事件により島民の日本への避難が相次ぎ、現在多くの在日コリアンが済州島にルーツを持つ。

＊7　**韓国の寄生虫対策**　保健医療の立ち遅れや非衛生的な環境から、腸内蠕虫《ぜんちゅう》類感染率が9割以上に及ぶなど深刻な状況下にあった韓国は、日本からノウハウの提供や支援を受けて対策を開始。70年代は朴正熙《パクチョンヒ》大統領の指示で推進された農村近代化運動（セマウル運動）に組み込まれ、回虫などさまざまな寄生虫対策と生活改善を実施して制圧につなげた。現在は東南アジアやアフリカの対策を支援しており、北朝鮮の有病率の高さが南北統一時の課題として挙げられている。韓国健康管理協会は２０１８年、ソウルに国内唯一の寄生虫博物館を設立。国内外の寄生虫や対策、研究の成果を紹介している。

＊8　**感染症アーカイブズ**　青山学院大教授の飯島渉さんらのグループが始めた、寄生虫などの感染症に関するさまざまな資料を整理、保存するプロジェクト。国内での制圧後に失われてしまうことが多かったマラリアやリンパ系フィラリア症、日本住血吸虫症などの資料を収集、インターネットなどを通じて公開する。中国や台湾、韓国、フィリピンなどの流行状況や制圧のための対策も振り返り、研究者への聞き取りも実施。琉球大医学部寄生虫学教室や長崎大熱帯医学ミュージアム、国立感染症研究所、目黒寄生虫館などが保有する資料整理も手掛けた。台風被害に遭ったフィリピン・レイテ島の日本住血吸虫症対策資料の修復にも当たった。

＊9　**レイテ島**　フィリピン中部の７２００平方キロ余の島。南北に細長く、険しい山脈が連なる。米国が統治していたが、太平洋戦争中の１９４２（昭和17）年に日本が占領した。44年10月、米軍司令官マッカーサー率いる連合国軍約20万人が上陸。激戦により日本兵約8万人が死亡した。近海で行われたレイテ沖海戦では日本の連合艦隊がレイテ湾突入作戦に失敗し、壊滅的打撃を受けた。太平洋戦争ではフィリピン全体で約１１０万人の現地人が犠牲になったとされる。

＊10　**橋本イニシアチブ**　１９９７年のデンバーサミットで橋本龍太郎首相（当時）が国際的な寄生虫対策の重要性を示唆。翌年のバーミンガムサミットで、ＷＨＯとの協力の下、世界の医療関係の研究機関とネットワークを

構築し、日本が経験を生かしてリーダーシップを取ると表明した。「国際協力による対策の効率化」「地域の実情に合わせた効果的対策」などを提唱し、流行地の生活習慣など文化人類学的研究も視野に入れた。国際協力機構（ＪＩＣＡ）を通じ、寄生虫対策拠点がアジアに1カ所（タイ）、アフリカに2カ所（ケニア、ガーナ）設立され、草の根の支援を含めて現在までさまざまな形で人材育成や調査研究が続いている。

＊11　**天然痘**　痘瘡《とうそう》とも言う。ウイルスによる感染症で、高熱と発疹《ほっしん》が生じ、あばたが残る。感染力が極めて強く、かつては大流行を繰り返して世界中に多くの死者を出した。日本では奈良時代から大小の流行が起きたが、１９５５（昭和30）年の1例を最後に根絶した。ＷＨＯは67年、天然痘根絶本部を設け、日本人医師の蟻田功氏が指揮。各国の協力を得て種痘による予防を徹底した。80年、ＷＨＯ総会は「天然痘は世界から根絶され、もはや人類社会にかえって来ることはない」と宣言した。

識者に聞く…6

国の枠組みを超えるヒント

ノンフィクション作家　**小林照幸**さん

「フィラリア」を執筆していた1993年春、元鹿児島大助教授の尾辻義人さん（2015年死去）を訪ね、韓国・済州島での日韓共同研究について経緯を聞いた。住民のためにフィラリアを克服したいとの思いが海外へと広がった当時の感慨を、熱っぽく語ってくれたのが印象的でした。

フィラリアは蚊が媒介する感染症との理解が広がったのは戦後です。原因が分からない病気に対して差別や偏見があったが、科学的実証を積み重ね、治る病気だと住民に知らせることで済州島では根絶へとつなげた。同島や沖縄、宮古島が人気観光地となったのはフィラリアの克服があったからこそです。一方、山梨では日本住血吸虫症を克服した後も、偏見から企業誘致には困難が伴ったそうです。

今年（2020年）、新型コロナの流行でも、「お湯を飲めば予防できる」といったデマがSNSで拡散した。科学がこれだけ発達しているにもかかわらずです。退院した人や医療関係者にも差別の目が向けられた。数十年たっても人間の根本は変わらないということを受け止めなければなりません。

本来ならば今年は東京五輪の開催で全世界の人々がつながりを確認できるはずだった。けれどいま、世界は協力の輪をつくれているでしょうか。新たな感染症が発生した時、また差別や偏見が広がるかもしれません。

日韓が政治的に対立する中で、日韓共同研究という埋もれた歴史を掘り起こすことは関係をもう一度結び直すよすがになると思います。韓国にはまだマラリアや狂犬病もある。医療を通じた協力関係が成り立つはずです。

5月上旬、急性白血病で緊急治療が必要となったインドに住む韓国人の女の子を、日本が協力して韓国に搬送した出来事があった。いがみ合っていても、いざという時は手を携えることができる。かつて寄生虫病を巡ってもこうした絆がありました。

歴史がもたらした反感や不信感を突きつけられた研究者たちが海外でどのように住民たちと向き合い、信頼を得てきたのか——。そこに国の枠組みを超えて手を取り合うヒントがあると思います。

小林さんは、フィラリア根絶に向けた研究者らの葛藤や住民との協力を描いた「フィラリア」（１９９４年）、日本住血吸虫症解明の歴史をひもといた「死の貝」（98年）の著者で、長野市出身。

第6部

ナショナルを超えて

第6部は、国の境目を超えて共感を広げようとする人たちの行動や考えに光を当て、「ナショナル（国家的・国民的であるさま）」を超えた人間理解の在り方を探る。

「平和の象徴」として大きな鹿の造形作品を制作する韓国·東西大の学生たち＝2011年、ヘマル村（安柄珍さん提供）

韓国で震災映画を公開した佐久出身在日3世

最愛のわが子を亡くした父親の独白が続くシーン。映画館の片隅でスクリーンを見つめていた長野県佐久市臼田出身の映像制作者、尹美亜《ユンミア》さん（45）＝東京都＝の耳に、観客のすすり泣きが届いた。終映後の舞台あいさつで、思いがあふれた。「いま、日韓関係は悪い。けれど何が悪いのか考えるチャンスでもあると思う」

2019年3月30日、韓国ソウル中心部の明洞《ミョンドン》。尹さんが初監督したドキュメンタリー映画「一陽来復《いちようらいふく》　Ｌｉｆｅ　Ｇｏｅｓ　Ｏｎ」の上映会が開かれた。尹さんは在日韓国人3世。ソウル訪問は6年ぶりだった。

映画は東日本大震災から6年後の岩手、宮城、福島で暮らす被災者たちを追った。津波で3人の子ども全員を亡くした夫婦。殺処分の指示が出た牛を見捨てられず世話を続ける畜産農家。20人ほどの登場人物たちが、それぞれに悲しみや苦悩を抱えながら必死に生きる姿を描いた。日本では18年に劇場公開され、韓国では翌年、全国22館で1週間にわたって上映された。

韓国では14年4月、３０４人の死者・行方不明者を出したセウォル号沈没事故が起きた。不条理に命を奪われた人々の遺族の傷が癒えない中、尹さんの映画は公開前から注目された。一方、東京電力福島第1原発事故があった福島への誤解や偏見が、尹さんを戸惑わせた。

韓国公開を3週間後に控え、尹さんに配給会社から代理店を通じてメールが届いた。「福島のマイナスイ

ビデオカメラを構える尹さん＝2020年５月、東京都内

メージがあるので映画の宣伝は控えます」。詳しい説明もない通告に納得がいかず、韓国に住んだ経験がある友人に尋ねた。

友人から見せられたのは、韓国でインターネット上に流布しているという日本地図だった。東日本全体が真っ赤に塗りつぶされ、放射能汚染の実態を示していると説明されていた。「これデマですよね」。尹さんが聞くと、友人は「こういう情報がネットにあふれて、偏見が刷り込まれているのよ」と話した。

韓国では福島など8県産の水産物に輸入禁止措置が取られ、今も東日本大震災については放射性物質による汚染のイメージが際立つ。韓国人の友人や在韓日本大使館の関係者からも、福島の企業や食品に対する誤った認識から、韓国の大学生が就職を辞退したり、催しが中止になったりしたと聞いた。撮影で出会った福島の人たちの顔が浮かんで涙がこぼれそうになった。

一方、日本でも韓国の一部の反日活動や陰謀論が過大に伝えられ、嫌韓の声がネットにあふれる。「互いに顔が見える関係性がないから、デマを信じて発言や行動をしてしまう」。韓国の上映会では「(東北地方の)たくさんの人が前を向いて生きている姿を見てもらいたい」と訴えた。

20年1月、母校の野沢北高校（佐久市）の同窓会「岳南会」の総会。尹さんは「日韓友好の道」をテーマに講演を依頼され、たじろいだ。

津田塾大（東京）卒業後、都内のＩＴ企業の広報担当などを経て、28歳で映画製作の道に入った。東北の被災地に思いを寄せたのは、生まれ育った佐久とどことなく風土が似ていると感じたからだ。

在日の家庭に育ったが、日韓関係について詳しく語れるわけではなかった。そんな時、被災地で出会ったボランティア男性の言葉が浮かんだ。

都内に住むバングラデシュ出身の男性は震災直後から被災地に通い、炊き出しを続けていた。「支援なんて難しいことじゃない。被災した人と一緒に泣き、一緒に笑う。それだけです」と話した。

同窓会の講演で、尹さんは「泣いている人に寄り添うことが解決の出発点ではないか」と問い掛けた。そこに、国が異なることで生まれる人々の分断を埋めるヒントがあると感じたからだ。

「日本人」「韓国人」。私たちは自分たち、そして隣国の人たちを思う時、いつも「国」を意識する。韓国に愛着を持つ日本人、日本に好意的な韓国人がともに「売国」呼ばわりされ、「国益」がそのまま自分たちの至上の価値であるかのような主張が広がる。そうした中、あえて属する国の境目を超えて共感を広げようとする人々がいる。

未来の関係　言葉が手助け

「パンガウォヨ（会えてうれしいです）！」

20年6月11日夜、ビデオ会議アプリ「Ｚｏｏｍ（ズーム）」を立ち上げたパソコンの画面に、日韓合わせて20家族の顔が映っていた。日本人は韓国語、韓国人は日本語で話す。佐久市のアルバイト並木葵衣《あおい》さん（20）は、滑らかな韓国語で高校時代の韓国留学を振り返った。「仲良くしてくれる友達がたくさんいて、充実した学校生活を送れました」

この日は多言語の習得を推進する一般財団法人「言語交流研究所ヒッポファミリークラブ」（東京）の仲介でホームステイし、交流を深めた家族らが近況を語り合った。

並木さんは４歳のころから母親の由香さん（51）とクラブの活動に参加。自宅に韓国の子どもを受け入れたのがきっかけで高校３年の時、ソウルの高校に10カ月留学した。「言葉を話せると、同世代と気持ちが通じるのがうれしい」。今秋から韓国の短大に留学予定で「日韓の人をつなぐ仕事をしたい」と夢見る。

オンラインの交流会には、かねて並木さんの留学相談に乗ってきた同クラブの研究員、金子佐代子さん（59）＝長野県塩尻市＝も参加した。日韓関係が悪化しても、垣根を感じることなく友情を深める並木さんを頼もしく思った。

１９９０年代から韓国人のホームステイを受け入れていた金子さん。95年、そのうちの１人の男性から韓

ビデオ会議アプリで話す日韓の家族ら。並木さん親子（上段左から２番目）、
金子さん（上から３段目の右から２番目）も参加した

国の「独立記念館」に誘われた。同館には日本の植民地支配の歴史にまつわる史料が並ぶ。男性は「大切な人だからこそ、韓国を理解してほしい」と言い、夫と幼かった長女を連れて韓国を訪問した。

館内では日本兵が韓国人を虐待するろう人形などを目にした。韓国人の奥底にある日本への感情に触れて気分が落ち込んだ。だが「本気で向き合いたい」とも思った。

その後、男性も結婚して家族ぐるみの付き合いが続いた。韓国の「学歴社会」を背景に、男性が学歴や就職先に強いこだわりを見せることに違和感を覚えることも少なくない。ホームステイで知り合った別の男性は竹島（韓国名・独島《トクト》）は「韓国の領土だ」と主張。「本当に言い切れるのか」と反論して、物別れに終わったこともある。

それでも、自分が韓国語で話していると互いに笑顔が生まれる。「相手の言葉で本気で議論することが大切。発音が違うって言われても、構わず続けてしまうの」

ヒッポは81（昭和56）年に設立。60年代から前身の団体で外国語習得を進める活動をしてきた創始者の故榊原陽《さかきばらよう》さん（福島県出身）は70年代後半、韓国語を導入しようとすると、会員から「なぜ学ぶ必要があるのか」との声が相次いだ。韓国との国交正常化から10年余が過ぎていたが、文化交流が盛んになるのは20年も先。情報が少なく、今と比べるとまだ「遠い国」だった。

それでも榊原さんは韓国でのホームステイ体験を始めた。当時から一緒に活動し、現在は代表理事を務める鈴木堅史《けんし》さん（75）は「『隣の国を飛び越して世界は見えない』という考えの人だった」と回想する。

金子さんの初めてのホームステイ先はマレーシア。ホストマザーに「日本が戦争中に何をしたか知っている？」と問われてはっとした。同国は日本の侵略で多くの犠牲者が出た。「知っているけれど、友だちになりたい」。現地で広く使われる英語で伝えると、ホストマザーは表情を和らげて言った。「私も将来、ヒロシマとナガサキに行ってみる」

仲間を通じて世界にはさまざまな過去の傷があることを知った。その上で、未来の関係をつくるにはやはり同じ言葉で話すことが手助けになると、自分の体験から思う。「言葉に耳を傾け、話してみれば違う世界が見える。多様な国の人と真剣に向き合っていこうと、若い世代に伝えていきたい」

直接の証言 残して伝えたい

仕事部屋に積まれた取材テープには、朝鮮人の軍人や労働者、慰安婦だった人々らの証言が記録されている。「託された〝遺言〟は800人分。できるだけ形にして残したい」。20年6月、長野県の旧長谷村（現伊那市長谷）生まれのフリーのフォトジャーナリスト伊藤孝司さん（68）＝三重県＝は、30年余りに及ぶ取材で出会った一人一人の顔を思い浮かべながら話した。

水俣病を世界に伝えた米国の写真家ユージン・スミスに憧れ、フォトジャーナリストの道を歩んだ。アジアの戦争被害者を追うようになった原点は、1980年代に訪れた広島、長崎。原爆被害の取材をしていて、朝鮮人被爆者の存在に気付いた。日本人が視界の外に置いてきた被害者たちがまだたくさんいると感じ、韓国で取材を始めた。

20年5月、韓国の元慰安婦支援団体「日本軍性奴隷制問題解決のための正義記憶連帯（正義連）」を巡る不正疑惑が明らかになった。「寄付金が被害者のために使われていない」とする元慰安婦の告発は、大きな波紋を呼んだ。

一方、1991年に元慰安婦の故金学順《キムハクスン》さんが名乗り出て以来、取材してきた伊藤さんは、正義連への批判は前身の「韓国挺身隊問題対策協議会（挺対協）」時代から「特に新しいものではない」と言う。

当初、元慰安婦を紹介した挺対協は問題の政治性が強まると、伊藤さんから元慰安婦を遠ざけた。それでも、最初の取材先から知り合いをたどり、元慰安婦から直接、話を聞くことにこだわってきた。

印象深い元慰安婦がいる。08年に84歳で死去した沈美子《シムミジャ》さん。自身も加わっていた挺対協を、被害者支援名目で利益を横取りしているとして90年代から批判。政府や世論に影響力を持つ挺対協の運動と対立していた。伊藤さんは取材で慰安婦問題に対する日本の責任を何度も問われた。だが、通い続けるうちに、元慰安婦への差別が強かった韓国で、家族にも話せなかった記憶を打ち明けられた。

小学校時代、ささいなことから日本人の警察官に拷問され、福岡の慰安所に連れていかれた。「7番」と呼ばれ、日本兵の相手をさせられた。「慰安婦はお金をもらって働いているが、お前たちは軍人と生活しているので軍属だ」と言われたこともある。同情してくれた日本人もいたが、性の相手を拒んで殺された女性もいた。沈さんの証言は詳細で、不条理に満ちていた。

別の元慰安婦は当初、「軍服のような服を着た男にワンピースを見せられ、欲しくてついていった」と話した。10代の女性が貧しさに付け込まれ、だまされて日本に渡った残酷な体験だった。だが、元慰安婦は後に、その証言について口をつぐむようになった。慰安婦が政治問題となり、挺対協が主張するように国が物理的に強制連行したのではなく、自分からついていったことを「不都合」だと思ったのかもしれなかった。

伊藤さんは元慰安婦への取材を韓国だけでなく、北朝鮮へと広げた。日朝のつながりを広く追う取材も含めて、これまでの訪朝は40回に及ぶ。

現在、北朝鮮の元慰安婦について、韓国のドキュメンタリー映画監督安海龍《アンヘリョン》さん（58）と映像化を進める。安さんは90年代、植民地時代に日本の軍人・軍属だった韓国人を撮影した伊藤さんの写真展を見て、「韓国人が向き合っていない朝鮮半島の歴史がある」と思った。北朝鮮の元慰安婦も韓国では記録が乏しく顧みられていない。作品は近く、韓国の映画祭で発表する予定だ。

日本では元慰安婦の記憶の混乱や矛盾を突き、強制性に論点を絞って慰安婦全体をうそと断じる声がある。正義連の不正疑惑はこうした主張を勢いづけているが、伊藤さんは「問題の本質は変わらない」と言う。

伊藤さんの部屋の棚には、こう書かれた1枚の紙が張られている。「人々の怒り、悲しみ、喜びを自分のこととして受け止め、広く伝える」

日韓対立でも続ける交流

「オープンガーデンは面白い取り組みですね」「でも、韓国では住民の了解を得るのは難しいかもしれない」

2019年10月26日、「民間主導のまちづくり」に取り組んできた長野県小布施町。民家の庭を観光客に開放している町内のオープンガーデンを巡りながら、日本と韓国の建築家や都市デザイナーたちが熱心に語り合っていた。中央大《チュンアン》（韓国ソウル市）教授の李錫賢《イソクヒョン》さん（48）は、その光景を見ながら「無事に交流できて良かった」と胸をなで下ろした。

日韓でまちづくりを学び合おうと、諏訪市出身の都市デザイナー、倉田直道さん（73）＝東京都＝が代表理事を務めるNPO法人景観デザイン支援機構（TDA、東京）がこの日まで2日間の日程で開いた交流会。

約80人が参加し、松本市の縄手通りや中町通りなども回った。

交流会はＴＤＡの会員が韓国の都市開発に関わったのがきっかけで15年に始まった。両国を行き来して開き、韓国では世界遺産の城郭がある京畿道水原《スウォン》市や広州《クァンジュ》市、日本では横浜市や東京都墨田区などで開いてきた。

5回目が開催された19年10月は、元徴用工問題で日韓関係が泥沼化していた。約2カ月前に韓国が日韓軍事情報包括保護協定（ＧＳＯＭＩＡ＝ジーソミア）の破棄を決定。ＴＤＡの交流会もこれまで参加していた韓国側の自治体関係者が相次いで参加を取りやめた。だが、李さんは「何があっても、この関係は断ち切らない」と決意していた。

意見を交わす李さん（左）、倉田さん（左から４人目）ら。日韓の建築家や都市デザイナーたちが交流を深めた＝2019年10月26日、小布施町

交流によって李さんと倉田さんは、ともに日韓のまちづくりの違いを実感した。筑波大大学院で博士課程を修了している李さんは「日本は緻密にデザインする。韓国はデザインするスピードが速いが、住民参加が後回しにされる場合がある」と言う。韓国の都市開発の審議会メンバーも務めており、日本との交流は地域資源を生かし、住民参加で進めるまちづくりの手法を知る貴重な機会だ。

倉田さんの印象にあるのは、韓国のトップダウン型の開発だ。ソウル中心部を流れる「清渓川《チョンゲチョン》」は、李《イ》明博《ミョンバク》元大統領が02~06年のソウル市長時代に大規模な再開発を行ってかつての清流を復元。現在は市民も憩う観光スポットとなっている。倉田さんは「トップダウンだっただけに反対も多かったが、日本では10~20年かかるところを、たった数年で非常に良い物を完成させた」と評価する。

一方、日韓で共通する課題も増えている。その一つが、歴史的な街並みをどう保存していくかだ。日本では04年に景観法が施行。景観計画に基づき歴史や自然、文化を生かした景観を保全するために自治体が一定の強制力を持つようになった。韓国でも07年に同様の法律が制定され、まちづくりに行政と民間の協同がいっそう求められているが、日韓でノウハウや考え方を交換する機会はまだ限られている。

TDA副代表理事で横浜市立大客員教授の国吉直行さん(74)=横浜市=は08年、韓国で開かれたシンポジウムでまちづくりについて助言を求められた経験がある。植民地時代に造られた日本企業の製錬所の建物跡を保存するべきか聞かれ、「歴史遺産として残せば地域の未来に役立つ」と答えた。

ただ、建物内にかつて朝鮮人労働者が働いていた歴史に関する展示をするかは、その場にいた米英の専門家にしか意見を求められなかった。「おそらく配慮されたのだろう」と感じた国吉さんは「『日本人』としてではなく、『まちづくりの専門家』としてニュートラルに議論できるようになった時、新たな段階の関係が築けると思う」と言う。

倉田さんは「交流会も当初は韓国側が日本の事例を学ぶような雰囲気だったが、今や互いに刺激し合っている」。李さんが代表を務めるまちづくりグループと近く協約書を結び、具体的な共同プロジェクトに乗り出す計画だ。

テーマは「平和」共に行動

オンラインを通じて、「平和（韓国語で평화＝ピョンファ）」という言葉が行き交った。

20年6月11日、日韓の建築家らがビデオ会議アプリ「Ｚｏｏｍ（ズーム）」を使って会議を開いた。韓国側の参加者が「韓日が対立を超え、平和を望む共通の目標を持って活動しよう」と提案すると、日本側の参加者が「日韓の不幸な歴史を無視して臨むことはできないが、そこだけにこだわらず交流したい」と応じた。

倉田直道さんが代表理事を務めるＮＰＯ法人景観デザイン支援機構（ＴＤＡ）は、韓国のまちづくりの専門家たちと、あるプロジェクトを構想している。それが、韓国と北朝鮮の軍事境界線がある非武装地帯（ＤＭＺ）近くで取り組む韓国での「村おこし」だ。

村の名は「ヘマル村」。朝鮮戦争の休戦協定により北緯38度線に引かれた軍事境界線の南北それぞれ２キロに帯状のＤＭＺが設けられており、村はそのすぐ外側の民間人統制区域にある。朝鮮戦争前から住んでいた人の子孫ら約60世帯が暮らしているが、北朝鮮が同年6月16日に共同連絡事務所を爆破した開城《ケソン》工業団地から数キロの場所にあり、危うい緊張状態が住民たちの日常だ。

管轄する京畿道坡州《パジュ》市は、南北の兵士が監視し合う姿をツアーで間近に見られる板門店《パンムンジョム》のように、村の「安保観光」に取り組んでいる。だが、村内には公共交通機関が少なく、若者の流出や高齢化が進んでいる。

ＴＤＡとの交流で日本人にヘマル村の現状を紹介したのが、10年に同村でアートによる村おこしを始めた

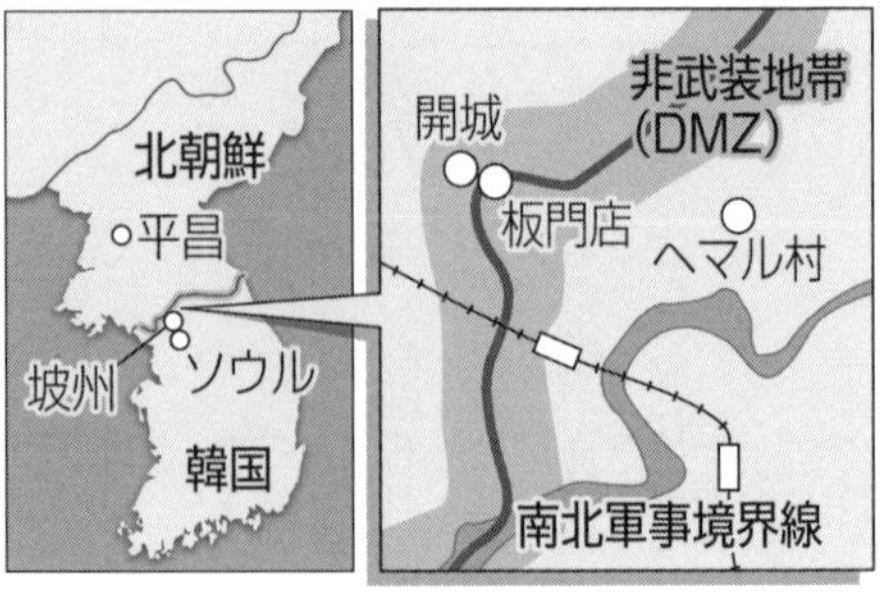

韓国・東西大教授の安柄珍《アンビョンジン》さん（60）だ。両親が村に以前住んでいた縁で当時の村長から依頼され、学生を連れて村に入った。

村の周辺には今も地雷が埋まっており、開発が及ばず豊かな自然が残る。鹿は地雷を踏んでも起爆せずけがをしないと地元で言われているのを聞いた安さんは、「南北を自由に行き来できる平和の象徴」として、鹿をモチーフにした造形作品（第6部中扉に掲載）を制作し、村内に設置した。空き地だったスペースにはカフェやギャラリーも設け、村人が近くで食堂の運営を始めるなど、新たな活気が生まれつつある。

戦争の現実と向き合う住民たちの暮らしのために、「さらに具体的な行動につなげたい」と言う安さんは、新型コロナウイルスの感染拡大がなければ今夏にも、日本のメンバーを村に呼ぼうと考えていた。ＴＤＡ副代表理事の国吉直行さんは、瀬戸内海の島々で開かれている「瀬戸内国際芸術祭」や、松本市内で工芸品などを展示販売する「工芸の五月」など、芸術とまちづくりを一体化した日本の取り組みが参考として生かせるかもしれないと話す。

「単に過疎化した村を活性化するということではない。村がわれわれ日本人を受け入れてくれるのか、よく状況を見極める必要がある」。倉田さんはまずは韓国のメンバーの考えをよく聞き、側面支援から始めようと考えている。

一方、植民地時代の歴史を巡って日韓の対立が激しくなっている今、戦後も平和な暮らしを取り戻せずにいる人々のために、自分たちが行動を起こす意義は大きいと思う。

この日のオンライン会議で、倉田さんは日韓の専門家たちに語り掛けた。「互いにリスペクト（尊敬）し合いながら忌憚《きたん》なく意見交換し、学び合っていきましょう。そうすれば自ずと、自分自身が成長できるはずです」。画面の向こうで、日韓のメンバーたちが力強くうなずく。「国家がある以上、国家間の対立は存在する。でも、最終的には皆さんと、そこに住む人との信頼関係が大切ではないでしょうか」

エピローグ

鮮やかな夕日に染まった海岸。軽やかに駆ける2人の足跡が、波打ち際にはっきりと残されていった。

２０２０年6月17日、１９３６（昭和11）年のベルリン五輪マラソンでアジア初の金メダルを日本にもたらした朝鮮人ランナー孫基禎《ソンギジョン》さん（２００２年死去）の孫、孫銀卿《ウンキョン》さん（42）は、神奈川県逗子市の海岸を走っていた。隣には長男で小学5年生の弧君《こあ》（11）の姿があった。

銀卿さんは18年から茅野市の蓼科湖畔にあるロッジ「ヒュッター」で働く。新型コロナウイルスの影響でロッジは春から休業。今は夫と2人の子どもが暮らす逗子市で主にリモートワークの日々だ。ただ、ロッジの売り上げの減少で、経営を担う銀卿さんは疲れ切っていた。

そんな中、励まされたのは友だちと走る弧君の姿だった。弧君は小学2年のころ、銀卿さんと「孫基禎記念館」（韓国ソウル市）を訪問。「おおじじ」と呼んでいる基禎さんが表彰台で胸の日の丸を隠してうつむく写真を見た。その表情の意味は今も分からないが、基禎さんも子ども時代、故郷の朝鮮で野山を走り回っていたと知り「自分も走りたい」と気持ちに火が付いた。

新型コロナで学校が休みになり、ますます走りにのめり込んだ。1日に20キロ近く走ることもある。この日、海岸で会ったランニング仲間と一緒に走りだした弧君を、銀卿さんは目を細めて見送った。

「足が速いと将来のためになるんだよ」と言う弧君。基禎さんのようになりたいのかと理由を尋ねると「会社に遅れそうな時、走って行けばいいしね」と笑った。国や民族の重圧に苦しむことなく、走ることを思う存分に楽しむ息子に、銀卿さんは平和を願った祖父の思いをいつかバトンタッチしたいと考えている。

日本の朝鮮半島統治の歴史は、日韓関係に暗い影を落としてきた。だが、そこに光が見えないわけではない。

16歳で諏訪市に渡り、その後も理不尽な体験を重ねながら日韓の友好を望んだ基禎さんの生涯をたどった「評伝　孫基禎」。明治大名誉教授の寺島善一さん（74）が19年に刊行した。今、この本の韓国版の出版準備が進んでいる。

韓国で出版社を経営する金錬彬《キムヨンビン》さん（62）が企画。日韓が対立する中、基禎さんを再評価しようと韓国のクラウドファンディングサイトで出版資金を募った。5月中旬までに88人から計4680万6千ウォン（約42万円）が寄せられた。

編集には次男の率燦《ソルチャン》さん（27）も参加した。金さんは「基禎さんが人生の後半を、スポーツを通じた平和の実現に投じたという、韓国でもあまり知られていない事実を若い人たちに知ってほしい」と望む。

「早く消えてくれ」。ネットで激しい誹謗《ひぼう》中傷を受けた女子プロレスラーが亡くなった。米国の白人警察官による黒人暴行死事件は、人種間で深刻な亀裂を生んだ。「ウイルスをばらまいた」と中国人の入店を拒む店があった。脅威や不安、憎悪が現実を超えてあふれ返る現代社会を、私たちは生きている。

嫌悪感の赴くままに、互いに隣国を攻撃するならば憎しみは消えない。そんな感情を次世代へと受け渡すのか――。

20年2月、長野市の松代大本営地下壕。見学した市内の小学生36人を前に、ガイドを務める元中学校教諭の飯島春光さん（67）＝千曲市＝が説明した。「地名だと思われていたのは人名だった」「密城相天」。同日付の信濃毎日新聞朝刊は、壕内の壁に残された文字が韓国の親族への取材で実在の人物名と裏付けられ、韓国名は「朴相天《パクサンチョン》」だったと1面で報じた。飯島さんは記事に触れつつ、朝鮮人の創氏改名について解説。「自分の名前を朝鮮式にしろと言われたらどう？」と聞いた。子どもたちから「絶対嫌だ」と声が上がった。

平和学習で多くの子どもたちが訪れる地下壕。飯島さんは壁の「落書き」が、血の通った人の輪郭を結んだことで「人々がどんな気持ちで生きていたのか、思いをはせる糸口になればいい」と願う。

「日本で就職活動するなら全力でサポートするよ」。阿部夏子さん（22）は大型連休中の5月5日、新型コロナによる渡航制限で日本への大学留学を諦めた韓国の友人に、励ましのメッセージを送った。20年春に卒業した信州大在学中、日韓の学生が交流する「韓国語サロン」を開設。韓国の大学に留学し、現地の学生たちの歴史観に触れた。歴史は対立だけでなく、相手を理解する土台になると学んだ。県内企業に就職した後も、韓国の学生の相談に乗る。「いろんな人に助けてもらったから。会って話せる日が早くきてほしい」。国と国の溝が広がっても、個人同士で柔軟に付き合う若者。憎しみの連鎖を共感のリレーへと変えるきっかけを共に探したい。

国を超えて人々と関係を結ぶ

五つの出発点

1 複雑で多様な個人の記憶に目を向ける

2 歴史の「争点」だけに目を奪われない

3 人々が直面した苦難、痛みに寄り添う

4 対話に歴史を持ち出すことを恐れない

5 歴史的な葛藤を抱えつつも前へと進む

憎悪・無関心の連鎖断つ――国を超え関係を結ぶために

信濃毎日新聞社「記憶を拓く」取材班は、歴史問題などで日本と対立を深める韓国、そして世界の人々と国を超えて関係を結ぶために立つべき「五つの出発点」を２０２０年6月にまとめた。取材の中で多くの韓国人や在日コリアン、日本人と出会い、個人の記憶を丹念にひもとくことで共感の土台となる事実や人々の思いを探り当てた。過去の植民地支配という重い歴史に正面から向き合いつつ、憎悪や無関心の連鎖を乗り越え、互いに近づくための一歩を踏み出したい。

取材班は19年10月に韓国で取材を始め、日韓を中心とした「個人の記憶」を再現していくことに最も力点を置いた。

日本と朝鮮半島の間で揺れたオリンピアン、松代大本営地下壕の工事に動員された朝鮮人労働者の家族、さまざまな経緯で日本で暮らすようになった在日コリアン、韓国や世界で感染症と戦った研究者――。個々人の記憶からは、時間の経過によって忘れ去られたり、政治的な背景によってふるい落とされたりした数々の歴史の断片が見つかった。

その中には、国を超えて相手の境遇に想像を巡らせたり、共感を覚えたりするきっかけとなる事実や、人々の多様な思いが含まれていた。取材班に読者からメールや手紙で届いた反響は１３０件余り。地下壕周辺で当時の朝鮮人がどのような扱いを受けていたか思い出した、韓国や在日の人々との付き合いについてさまざまなことを考えさせられた、といった声が多数寄せられた。

徴用工や慰安婦などの問題を巡り、日韓の主張は白か黒かの二分法の対立に陥りがちだ。だが、留学やSNSなどによる交流を通じて距離を縮める若者たちの対話の中に、歴史の複雑さや多面性に気付くチャンスが多くあった。歴史の「争点」だけに目を奪われず、まずは個々人の痛みに心を寄せることが、対立を乗り越える糸口になるだろう。

朝鮮戦争や兵役義務など、取材班の記者もこれまであまり関心を向けてこなかった韓国人の共有体験の中にも、相手を理解するヒントが含まれていることに気付かされた。世界の国々で歴史や文化的背景に理解を深めながら、苦しんでいる人々に支援の手を伸ばしてきた医学者たちの姿勢にも学べることがある。

「歴史抜き」ではなく、積極的に歴史を学ぶことこそが相手への理解を深める第一歩だ。歴史観の違いを突き合わせることは時に感情的な対立も生むが、互いに自分の「国」の立場を代弁することに終始するような姿勢からはいったん距離を置いて、寛容かつ冷静に対話していく関係を築いていければいい。

史上最悪の関係と言われる日本と韓国だが、多くの面で国際的な協力は継続している。それは国同士に限らず、個人間でも同様だ。歴史的な対立はすぐには乗り越えられないかもしれない。それでも互いに考えや気持ちを伝え、手を携えて共にできることはないか、試行錯誤を積み重ねていくことに希望を見いだしたい。

1 複雑で多様な個人の記憶に目を向ける

顧みられていない事実や、こぼれ落ちた記憶の中に互いの理解を深めるヒントがある

歴史をより深く理解して

第1部ではベルリン五輪マラソン金メダリストの朝鮮人ランナー孫基禎《ソンギジョン》さんの足跡について、諏訪市の古老の残した口述記録をひもとき、住み込んでいた店の経営者の子孫らに取材。「日の丸抹消事件」の関係者遺族、基禎さんの孫世代にも長時間にわたって話を聞いた。「民族の英雄」「悲劇のヒーロー」としてのみ描かれがちな基禎さんの、これまで顧みられなかった日本や平和に対する思いを、重層的な歴史的背景と共に引き出した。

松代大本営地下壕に動員された朝鮮人元労働者の家族を捜した第2部の取材では、同じ日本で生まれた朝鮮人でも「俺の故郷」と懐かしがる人、「日帝のせい」と反感を持ち続ける人と出会った。慶尚北道清道郡《チョンドぐん》で取材した韓月宣《ハンウォルソン》さん（81）は当初、地下壕についてほとんど思い出せなかったが、2回目の取材で地下壕の写真を見せるなどのきっかけをつくったことで、父親が工事に動員されていた時の様子や戦後に激しくせき込んでいた姿などを思い出した。

第4部の東京大空襲を体験した在日コリアン2世の男性、第5部の韓国・済州島《チェジュド》で奮闘した日韓の寄生虫研究者らの証言も、取材で初めて語られた内容が多かった。人々の多様な記憶を時間をかけて引き出していくことで、自分の国と相手の国の歴史をより深く理解できることが分かった。

2 歴史の「争点」だけに目を奪われない

個々人の置かれた境遇を具体的にイメージし、「強制」か「強制でない」かといった二分法で判断しない

当事者の立場を想像する

第2部の取材では、日本の植民地支配下で朝鮮人が強制的に連行されたとの話を韓国で聞くことはなかった。

松代大本営地下壕工事に動員された朝鮮人については、強制動員された人は名簿の記載者より先に帰国の途に就いていた可能性がある。一方、朝鮮人の貧富の格差や貧困による出稼ぎ、賄賂や身代わりによる徴用逃れ、朝鮮人の協力者の存在といった個々の複雑な事情も垣間見えた。

第6部で登場した旧上伊那郡長谷村（現伊那市長谷）生まれのフォトジャーナリストの伊藤孝司さん（68）の取材では、物理的な強制連行ではなくとも貧困に付け込まれ、だまされてついていったという証言をした元慰安婦が、政治的な背景から「不都合」と考えたのか、その後に口をつぐむケースがあった。

個人の記憶を紡いでいく過程では、「白か黒か」といった単純な判断ができない事実に突き当たることが多い。それでも当事者の立場を想像してみれば、自分たちが何に目を向け、どのように行動していくかが見えるはずだ。

3 人々が直面した苦難、痛みに寄り添う

その要因に自分の国が関わっているかどうかにとらわれない

背景にも目を向けていく

松代大本営地下壕工事に動員された朝鮮人の記憶をたどって関係者を捜した第2部の取材。日本の植民地支配からの解放後に起きた朝鮮戦争や、韓国の軍事独裁政権によって過酷な体験をした人々にも出会った。日本の関わりの深さは個々に差はあったものの、隣国の人々のこうした経験について、記者自身がこれまでほとんど目を向けたことがなかったと痛感した。

第4部でテーマの一つとして取り上げた韓国の兵役についても、日本ではほとんど実態は知られていない。国際法上はまだ北朝鮮と戦争中の韓国の国籍を持つために、日本で暮らしながらも兵役義務がある人の存在は普段、想像することもなかった。

第3部に登場した日韓の若者たち、第5部に登場した日本の寄生虫研究者たちのように、世界中で困難に直面する人々の存在を知り、歴史や文化的背景に想像を巡らしながら寄り添っていくという姿勢から学べることは多い。

4 対話に歴史を持ち出すことを恐れない

その時も自分とは違う相手の見方、考え方を尊重する

相手を尊重し場をつくる

第3部では、東京のアーティスト養成校が「K-POPコース」に、韓国の近現代史を映画で学ぶ授業を取り入れようとしている状況を取り上げた。日韓の間では若者カルチャーにおいても歴史問題を避けることができない場面がある。未来を担う若者たちが、互いに歴史を学び合えるような工夫をすることが重要だ。同じ第3部に登場した信州大の「韓国語サロン」では、歴史をどんな場面で持ち出すか、日本の若者たちは柔軟に対応していた。第4部の取材では、在日コリアンへのヘイト（憎悪）感情から懲戒請求をしてきた人に、自分の在日としての境遇や思いを穏やかな言葉で手紙につづって伝えようとした弁護士に出会った。「誹謗《ひぼう》中傷」のような言葉を投げ合うのではなく、相手の立場を尊重しながら対話する場をつくっていきたい。

5 歴史的な葛藤を抱えつつも前へと進む

共感できることはないか、手を携えて共にできることはないか模索を続ける

個人の行動がきっかけに

第5部で紹介した日韓のフィラリア共同研究は、現地の人々を救うだけでなく、研究者同士の相互理解と連帯感を生み、その後の世界を舞台にした協力につながった。国際社会では政府間だけでなく、個人のつながりからも広範な協力が生まれることがある。

第6部で登場した佐久市臼田出身の映像制作者、尹美亜《ユンミア》さん（45）は、韓国で誤解や偏見が広がる東日本大震災について、被災地で生きる日本人の実像を伝えることで共感を広げた。日韓の建築家や都市デザイナーの間で続く交流は、戦争の現実と直面する朝鮮半島の南北軍事境界線近くで取り組む「村おこし」の構想へとつながっている。

今はSNSなどを通じ、個人の努力の結果や発信が世界に大きな影響力を持ち得る時代だ。こうした市井の人々の行動が起点となって、対立を乗り越えていくきっかけが生まれるかもしれない。

インタビュー①

個々人の証言が対話の起点に

慶応大教授　小熊英二さん

日韓が歴史認識の対立を深めている。だがそもそも歴史は事実そのものではなく、幾多の事実を学者が編集したものだ。そうでなければ、過去何十年、何百年の歴史を一冊の本に書けるわけがない。どの史料と、どの証言を結び、どんな像を描くかに唯一絶対はない。そして多数の学説の中で広く認められたものが、社会の歴史観となっていく。

歴史がそうしたものである以上、一つの歴史観には必ず異論が出る。異論を持つ者が対話することで、より広い合意が得られる歴史観が作られる。歴史とは一方的な主張ではなく、対話によってつくられていくものだ。

英国の歴史家E・H・カーは「歴史とは現在と過去との尽きることを知らぬ対話だ」という言葉を残した。それを前提に、日韓が歴史を巡る対話を続けるしかない。

対話である以上、明白に相手を傷つけるような主張はコミュニケーションになり得ない。過去の断片的事実を基に一方的に植民地支配を肯定するような発言は、対話のルールとして許されない。

その上で、国を超えて共通の歴史観が簡単につくれるかといえば、それはなかなか難しい。過去の事実の確認は可能でも、それらの事実をつなぎ合わせた歴史観は、社会の合意の産物だからだ。異なる社会が、合意できる一つの歴史観をつくるのは至難だ。簡単ではないが、対話の起点をつくる一つの方法は、歴史観になってしまう以前の、個々人の記憶に向き合うことだ。

【おぐま・えいじ】
1962年、東京都生まれ。慶応大総合政策学部教授。専門は歴史社会学。著書に「単一民族神話の起源」「〈日本人〉の境界」「〈民主〉と〈愛国〉」「日本社会のしくみ」など。

自分は在日コリアン約100人の証言を「在日一世の記憶」（2008年）、「在日二世の記憶」（16年）の2冊に編集し、出版した。彼らの証言には、日本で支配的な歴史観からも、韓国で支配的な歴史観からも、微妙にずれた記憶が含まれている。

それは当然のことで、過去を生きた人々の記憶の全てが、一冊の教科書に書けるような歴史観に収まるはずはない。そこからはみ出した個々人の記憶に向き合うことで、自分が抱いていた歴史観を相対化し、異なる歴史観にも一理あることを認める契機になる。たいてい人が歴史に関心を持つのは、生身の証言者に接するなどして、「自分が抱いていた歴史観と事実は違っていた」という衝撃を受けることがきっかけだ。

「自分は未来にしか関心がなく、歴史には興味がない」と主張する人もいる。だが人間は歴史を抜きに生きていくことはできない。なぜなら、未来は歴史との対比でしか語れないからだ。歴史なしには現在の来歴は語れず、未来の方向性も語れない。これからの国際関係も歴史を抜きにつくることはできない。歴史を無視する者に、未来はありえないのだ。

インタビュー②

一緒に考える姿勢を大切に

青山学院大教授　熊谷奈緒子さん

日韓は依然として慰安婦問題に対する認識の差を埋められないでいるが、「戦時下における女性一人一人の人権の問題」という視点が大切だと思う。それは日本が国家の責任を放棄するということではなく、あくまでもバランスを取るということだ。戦争の被害者は国や法律の枠組みだけでは救いきれていない。国際法上も、元慰安婦個人への補償は救済対象からこぼれ落ちてしまっているのが現実だ。

元慰安婦の高齢化が進む中、個人レベルでの和解も重視するべきだ。日本大使館前で日本の責任を訴えるデモに行きたい人もいるかもしれないが、おいしいものを食べ、心穏やかに余生を過ごしたい人もいる。2015年の日韓合意で終わりとするのではなく、そういう多様性を細かく見守り、支援を継続することが求められている。

冷戦後、世界で人権に対する意識が進み、1993年の世界人権会議で人権の普遍性などをうたった「ウィーン宣言」が採択された。その頃、ボスニア紛争での兵士による組織的な性暴力や、ルワンダの大虐殺があり、大きな問題となった。91年に表面化した慰安婦問題も、そうした情勢の中で国際問題になった。

一方、元慰安婦の支援団体「日本軍性奴隷制問題解決のための正義記憶連帯(旧韓国挺身隊問題対策協議会)」は、女性の人権というよりも民族の問題だと強調した。韓国社会の支持を得るためだったが、やがて「反日」の概念と結び

【くまがい・なおこ】
1971年、東京都生まれ。青山学院大地球社会共生学部教授。専門は国際関係論。著書に「慰安婦問題」、共著に「新しい地政学」など。

付き、人権問題がイデオロギー化されてしまった。

村山富市政権は95年、民間の協力で「アジア女性基金」を設立し、元慰安婦らに償い金を支給した。だが、支援団体は日本の法的責任を問い、償い金を受け取った元慰安婦を批判した。自らの主張に反する言説を認めず、被害者を救済から遠ざけてしまった。

国際社会ではこうした「人権のイデオロギー化」は慰安婦問題に限らない。「加害者を処罰してこそ被害者の救済」という報復的な考えは間違いではないが、必ずしも被害者の救済につながらず、行き過ぎる場合がある。

若い世代に過去の植民地支配の罪はないが、記憶をつないでいく責任はある。慰安婦の人数などにこだわって議論するということではない。日本がどんな統治をしていたのか事実を知り、さまざまな人とコミュニケーションをしながら学んでいけばいい。

日韓だけでなく、戦争を体験した第三国も交えた対話の場も大切だ。教育現場に限らず、市民団体などを含めた重層的なネットワークをつくる必要がある。「和解」というゴールは必要ではない。未来に戦争や女性への性暴力を起こさないために一緒に考える。そういう姿勢が大切なのではないだろうか。

インタビュー③

日韓の取り組みをモデルに

京都大大学院教授　小倉紀蔵さん

なぜ日韓の歴史認識はこうも折り合えないのか。一番の問題は、韓国が自国の近現代代史を整理しきれていないという点だ。

韓国にいま必要なのは「是々非々」の考え方だ。例えば植民地支配からの解放後の経済発展は、やはり日本や米国からの協力、支援がなければなし得なかった。経済発展で国民所得が上がり、自由や人権に目が向くようになったからこそ民主化が成功したのに、日本を評価したくないから見ないようにしてしまう。

歴史はどちらかがいつも善で、どちらかがいつも悪ということはあり得ない。全ての物事に対して民族主義的な見方をするのではなく、日本の振る舞いの評価できる点と、評価できない点を改めて整理していくことが必要だ。

日本の歴史家にもこういう面があり、左派の学者は日本が韓国から収奪ばかりしてきたとし、右派は日本のしたことは全て韓国のためで正しかったと描く。実際の歴史はそんなものではない。

歴史は「押しくらまんじゅう」だ。国家主義や共産主義などさまざまな考えを持つ個人個人がいろんな方向から力を加え、結果としてそれぞれが思わぬ方向に歴史は動いていく。帝国主義だったからこうなったとか、あまりに一方向的、目的論的に歴史を描きすぎている。歴史家はもっと、その時に一人一人がどういう方向にどんな力を加えていたのか、丁寧に描かないといけないと思う。

歴史を考える時、「日本人」「朝鮮人」などとひとくくりにせず、一人一人が

【おぐら・きぞう】
1959年、東京都生まれ。京都大大学院人間・環境学研究科教授。専門は東アジア哲学。著書に「韓国は一個の哲学である」「創造する東アジア 文明・文化・ニヒリズム」など。

何を考え、行動したのかを、地道に復元していく作業が求められている。生存者の話も大切だが、例えば植民地時代の新聞や雑誌、大衆小説にも当時の様子が赤裸々に描かれていることがある。一人一人の経験を見ていけば、時代が変わって顧みられなくなった歴史も浮かび上がってくる。

世界中で歴史認識を共有できた国々などないのだから、日韓でも擦り合わせる必要はないという考え方もあるが、私は問題があると思う。日本は韓国を侵略して支配した歴史があり、まだ相手の傷が癒えていないのに、じゃあ歴史は抜きにして経済と安全保障の関係だけにしましょう――というのはあまりに冷たい。

日韓は曲がりなりにも30年の間、歴史を清算しようと努力し、韓国は日本と対等の先進国になって、ある程度いい関係も築いてきた。こんなことは欧州諸国もかつて植民地支配した相手とほとんどやっていない。植民地支配の清算はむしろこれからの世界の課題だ。日韓の取り組みにはうまくいったことと失敗したことの両面から学べることがあり、これを世界に先駆けた「日韓モデル」として生かしていくことができるはずだ。

インタビュー④

古くなった「国」の枠組み

北海道大大学院准教授　金成玟さん

韓国のソウルで生まれ育ち、子どものころから日本の漫画やアニメが身近にあった。当時はまだ日本の大衆文化の輸入が正式に認められていなくて、「鉄腕アトム」が日本のアニメだとも知らなかった。韓国が日本の文化を禁止した理由の一つは歴史問題だったが、慰安婦問題については誰も語らない不思議な時代だった。

大学生になった90年代には、日本の映画やJ－POP、ファッションを堂々と楽しむ若者が急増した。当時の大人たちは日本文化の氾濫による歴史の忘却を心配した。だが、新しい世代はむしろ植民地時代の歴史としっかり向き合いながら、同時に日本のクールな文化を楽しみ、自分たちの文化と積極的に融合させていった。「韓流」と呼ばれる「Kカルチャー」もその中で生まれた。

日韓が高度成長を続けていた頃の世界は、国家とマスメディアを中心に動いた。その枠組みの中は居心地が良く、そこに収まらない考え方は周辺に追いやられていた。

だが、今は世界は全く違っている。グローバル化に伴い、国家とマスメディアの力は弱まり、国境を超えたさまざまな問題の発生やSNSの普及で、国の枠組みはかつてほど意識されなくなった。例えば、日本のファンたちがK－POPを楽しむことを「日韓文化交流」と捉える見方はもう古くなっている。

日韓の若者の間でも社会問題に対する意識が共有されつつある。ともに格差拡大、不平等といった問題に直面しており、解決しなければ生きていけないほ

【キム・ソンミン】
1976年、韓国ソウル市生まれ。北海道大大学院准教授。専門はメディア文化研究、国際地域文化研究。著書に「K－POP 新感覚のメディア」「戦後韓国と日本文化『倭色』禁止から『韓流』まで」など。

ど切実だ。彼らは国の枠組みがつくった「無菌室」から飛び出て、互いの言語と文化に触れ、人と出会い続けている。時にはSNSの中で対立することはあっても、極端なナショナリズムやプライドの衝突は意味をなさないことはよく理解している。

　歴史問題についても、「日韓戦」のような観点では解決の道筋が見えないことは自明となっている。国の枠組みの中で考え続けることは、解決を放棄しようとしているのに近い。例えば慰安婦問題を普遍的な人権問題としてみれば、そこに国の垣根を差し挟むことは邪魔にしかならないはずだ。

　大人世代で日韓の歴史問題と切実に向き合ってきた人からすれば、問題が解決できないまま自分たちがいなくなってしまって大丈夫かと心配かもしれない。だが、今の日韓の若者たちは、互いの国の枠組みを超えて物事を考え、相手のクールさも素直に受け入れる柔軟な感性を持っている。歴史問題を含めて、常に国の対立の構図で語ることは「ダサい」という認識が、これからもっと広がっていくはずだ。

あとがき

本書は、「記憶を拓く　信州 半島 世界」のタイトルで２０２０年1月3日から6月29日まで信濃毎日新聞に掲載した連載（全61回）と関連の特集などをまとめたものです。肩書や年齢などは新聞掲載時のままとしました。

新型コロナウイルスが日本で流行し始めてから1年がすぎた21年4月現在、世界はワクチンを手にし、感染予防を目指した国際協力も広がっています。一方、国境を越えた人々の往来は絶たれたまま。この間、韓国の文在寅大統領が元徴用工訴訟をめぐる日本企業の資産売却に関して原告を説得し、日本政府と対話する考えを示したものの、融和ムードは高まらず、両国は顔を向き合わせることなくかえって互いの距離を広げているように見えます。

取材班が本格的に動き出したのは19年10月。元徴用工訴訟の韓国大法院（最高裁）判決を受け、日韓の対立が激化しつつある時期でした。韓国に取材拠点や為政者とのパイプもなく、誰も同国での取材経験がない地方紙の記者たちが何をどう伝えられるのか―。議論を重ねる中でたどり着いたのが、先入観を持たず市井の人々の多面的な記憶と気持ちに迫ることでした。

「嫌韓・反日」と「韓流」、その対極の間にある大多数の「無関心」。そんな単純な構図ではない「日韓」を見いだそうと、ある記者は韓国の埋もれた歴史と向き合った信州人を訪ね、ある記者は長野市松代でかつて暮らした人々を求めて韓国の山間地をさまよい、ある記者はむき出しの偏見をぶつけられてきた人たちの話に耳を傾けました。新たな歴史的見地や、知られざる外交の舞台裏を描けたわけではありません。歴史学者や外交の専門家でもない私たちがそこから見たものは、歴史からこぼれた記憶の断片の中にある共感のヒント、そして、分断を乗り越えて前に進もうとする人々の希望だったのではないかと思います。

世界中で国家間の対立が続く中、日本と韓国の間にある溝も容易に埋まることはありません。それでもなお諦めず、あらゆる機会で対話のきっかけをつくろうとするならば、自分たちはまず何から始めればいいのだろう。連載の中で考え続けたことを言葉にしたのが最後にまとめた「五つの出発点」です。今後も「隣人」について理解を深める指針として、取材を続けていきたいと思います。

連載企画は、取締役編集局長・小市昭夫のもと、報道部長・小池浩之が統括。デスクを田中陽介、記事は小松英輝、井口賢太、竹越萌子、篠原光の各記者、写真を写真部記者の有賀史が担当しました。紙面レイアウトや見出しは整理部の室崎友宏が担いました。

連載が20年度の「平和・協同ジャーナリスト基金賞（大賞）」という大変光栄な賞をいただくことができたのも、長時間にわたり取材に応じていただき、記憶をたぐり寄せてくれた日本人と韓国人、在日コリアンの方々の協力があったからこそです。改めてお礼申し上げます。

本書が、日韓のみならず世界の人々と相互理解を深め、関係を取り結ぶ上で一助となれば幸いです。

２０２１年５月

「記憶を拓く」取材班代表
信濃毎日新聞社編集局報道部デスク　田中　陽介

信濃毎日新聞社《しなのまいにちしんぶんしゃ》

1873（明治6）年創刊。長野県を中心に朝刊、夕刊を発行する。発行部数は約43万9000部（2020年4月現在）、県内占有率は72・9％。桐生悠々、風見章ら著名な言論人を輩出している。連載企画「介護のあした」「民が立つ」「笑顔のままで　認知症―長寿社会」「温かな手で―出産を支える社会へ」「御嶽山噴火災害の一連の報道と連載企画『火山と生きる　検証・御嶽山噴火』を中心とするキャンペーン」などで新聞協会賞を受賞。

ブックデザイン　近藤弓子
編集　吉尾杏子

記憶を拓く　信州　半島　世界

2021年5月31日　初版発行

編　者　信濃毎日新聞社編集局
発　行　信濃毎日新聞社
〒380―8546　長野市南県町六五七番地
TEL026―236―3377
FAX026―236―3096（出版部）

印刷製本　信毎書籍印刷株式会社

ISBN978-4-7840-7383-2 C0036
乱丁・落丁本は送料弊社負担にてお取り替えいたします。